大夏书系·教育常识

教育评辨
JIAOYU PINGBIAN

CHONGJIAN JIAOYU SHENGTAI
重建教育生态

储朝晖　著

华东师范大学出版社
全国百佳图书出版单位

图书在版编目（CIP）数据

重建教育生态/储朝晖著.—上海：华东师范大学出版社，2018
ISBN 978-7-5675-7389-5

Ⅰ.①重... Ⅱ.①储... Ⅲ.①教育学—文集 Ⅳ.① G40-53

中国版本图书馆 CIP 数据核字（2018）第 006234 号

大夏书系·教育常识

重建教育生态

著　　者	储朝晖
责任编辑	卢风保
封面设计	淡晓库
出版发行	华东师范大学出版社
社　　址	上海市中山北路3663号　邮编　200062
网　　址	www.ecnupress.com.cn
电　　话	021-60821666　行政传真　021-62572105
客服电话	021-62865537
邮购电话	021-62869887　地址　上海市中山北路3663号华东师范大学校内先锋路口
网　　店	http://hdsdcbs.tmall.com
印刷者	北京季蜂印刷有限公司
开　　本	700×1000　16开
插　　页	1
印　　张	14.5
字　　数	222千字
版　　次	2018年4月第一版
印　　次	2018年4月第一次
印　　数	6 100
书　　号	ISBN 978-7-5675-7389-5/G·10883
定　　价	45.00元
出版人	王　焰

（如发现本版图书有印订质量问题，请寄回本社市场部调换或电话021-62865537联系）

目录

序　面对教育的不完美 / 1

第一辑　如何走出教育困境

> 也许有人说,教育资源均衡说易行难,短时间很难做到。但实际上,最难的不是均衡本身,是怎么转换相关部门的思维。长期以来,相关部门习惯于用行政指令解决问题,不善于或不注重建立并运用机制解决问题。

中国家长缘何为教育一掷千金 / 3

"药儿园"病根在投资不足和非专业管理 / 5

不当的加分只会制造"伪善" / 7

河南替考事件再次敲响考试专业化和法制化的警钟 / 9

"离婚择校"的尴尬怎么化解 / 11

彻底打开"学历门" / 13

对付"隐瞒一时是一时"的良方是"公开一点是一点" / 16

高考新方案对农村教育调查不充分 / 18

师生低劣互动是教育评价单一的后果 / 20

放弃资格是规避处罚还是承担责任 / 22

高校腐败突显系统性缺陷 / 24

高考招生改革如何消除腐败纠结 / 26

博士后流动站虚增耽误了谁 / 29

整治教育乱收费得从根上入手 / 31

责权不明的章程很难落实 / 33

报考公务员与理性还有差距 / 35

"学习效果稳步下降"根子在哪 / 37

第二辑　坚守教育的真谛与使命

> 大量事实说明，教学是学校的中心工作，校长是学校的灵魂，不懂教学的灵魂必然使教学成为工具。不懂教学的校长是不合格的校长，这是一个与教育的效率和质量直接相关，进而与民族复兴密切相关的命题。

瞄准人民幸福办教育 / 41

为什么必须取消高考加分 / 44

教育当延续历史负责未来 / 51

公民教育任重道远而又迫不及待 / 52

信仰是现代教育的精髓 / 55

专业考核严格与否是招生公平的关键 / 58

加分应在"阳光"后 / 60

淡化分数后，高校凭什么招生 / 62

从"正能量"流行看国民科学素养 / 64

保护未成年人应成为汽车文明的重要内容 / 67

打通千门万径破解"就业难" / 69

每段经历都是一种财富 / 71

"高明"校长要靠制度培养 / 75

校长要过"教学关" / 78

第三辑 让教育真正发生

> 受教育者不只不能被绑架，教育还应该通过活动建构受教育者的主体性，唤醒受教育者的主体意识，提高受教育者的主体认知水平，增强其主体性能力，把学生培养成主人，而不是培养成工具。

学生究竟属于谁 / 83

学校是需要文化的 / 89

国学教学在于培养有根的现代人 / 93

依法治教，就是教师自己的事 / 95

生命的价值高于任何教育 / 97

让尊重生命成为普适文化 / 99

教师神圣才能品德高尚 / 101

教师的彼岸在哪儿 / 104

乡村教师是解决乡村教育问题的重要支点 / 106

家庭教育的几点常识 / 108

家庭教育立法，尚需过几道坎 / 110

数学需要解放，而非"滚出"高考 / 113

当前幼儿教育层次低，急需"百花齐放" / 116

独立教师这个群体，到底能发展多快 / 120

快乐仅是浮标，生活需要安根 / 123

中小学适度规模是科学发展的必要条件 / 125

第四辑　我所期盼的理想的教育

> 要将减负工作向纵深推进，教育行政部门有必要转变思维方式，告别发文越多越重视的观念，从保护教师的专业尊严入手，明确责权边界，促进教师对自己的教学行为负责。

高考需要更多的专业和自主 / 137

文理不分科需要制度体系支撑 / 139

考试招生制度改革刚刚开始 / 141

作业的最终话语权属于教师 / 143

高考招生制度改革的困境与出路 / 145

深入推进高考综合改革 / 158

实现高考招生良性公平唯放权高校 / 160

改革是通向人民满意教育的主要路径 / 164

希望中国教育更加公平、科学、人性 / 165

禁校企提名院士仅是向学术评价回归的起点 / 168

幼儿教育要走出政府包办观念建立良性生态 / 170

中国教育的文化自信从哪里来 / 173

良好的教育生态应遵守校际伦理 / 176

教师当下最需要的还是尊重 / 178

第五辑　理想大学的应有样态

> 教育不是纺一条线，也不是织一个网，更不是编"美德袋"，做"知识框"，而是要陶冶一颗心灵。教育曾是少数人走向幸福的一条小道，然而多数人尚未走通，大家不妨想一想，要怎样将通过教育实现幸福的羊肠小道变为人人都能走得通的康庄大道呢？

师生，大学理所当然的主人 / 185

大学的职能是为学生实现人生使命服务 / 188

推动大学行政角色与学术角色分离 / 191

为生活而教育，为理想而大学 / 193

大学与社会的多边界 / 198

积极过好有章程的大学生活 / 201

现代大学必须建立独立的第三方专业评价 / 203

行政化削减大学理想空间 / 206

改革高校企业不能回避产权问题 / 209

对东西部高校要一碗水端平 / 212

优化大学教师薪酬结构很有必要 / 214

成为留学中心，中国还缺啥 / 217

后　记 / 219

序 PREFACE

面对教育的不完美

1981年秋天第一次知道陶行知,到屯溪的延安路看了他的生平事迹展览,便被他吸引了,此后写了首自勉打油诗:

八一秋风撩醒思,志立教育造新世;抛却身边半根草,人类优教度此时。

由此确定了自己"教育是我的职业,研究是我的生命,把教育办得更好是我的人生目标"的人生定位。

自1983年开始作教育与社会调查,30多年来对教育实地调查、实践、思考,积累了太多的心里话。其实这些话或许都是常识,但没有这些经历和体验的人尚不知道这些常识。于是现实中的教育被各方面的压力挤得类似腌菜粑,既不好看,也不好吃,总是酸溜溜的,甚至对人的健康成长发展还有不小的伤害,但人们不得不把它放在嘴里嚼个不停,甚至还要被迫咽下去。

到了知天命之年,这些心中的常识常被一些媒体约稿掏出来,但都比较零碎。多位出版人都跟我说:你何不将它们结集出版?可一直忙这忙那没时间做这件事。直到华东师范大学出版社一再敦促，才有这个"教育评辨"系列的集子出来。

　　书中所收文章是最近十年来各媒体约写的稿子。这些文稿确实是我就所思考的问题写成，事先没有设计整体框架，但与教育的实际问题紧密扣合。将该系列取名"评辨"是由于所收文章基本采用了评论辨析的文体和表述方式，对现实教育各个方面有批判、鞭挞的意蕴，也有讲理、分析的成分。

　　总体上我觉得中国教育经过近70年的"齐步走"，走得人们都不知道自己该如何独自去走路了，不会一个人依据自己的兴趣自主地迈开步子；近一二十年又以同一个起跑线为标准，让不少人产生"起跑线上的恐慌"，所有的人都想挤进同一个跑道赛跑。从遵从人的成长发展规律看，齐步走和所有人在一条跑道上跑步都不对。"散步"才是治愈中国诸多教育病的良方。因为散步是自由、自主地随意走，每人确定自己的目标，不按规定的路线和路程，自己选择时机和路程长短，这样每个人才能成长为最好的自己。中国教育当下需要的正是每个人自主地迈出自己的脚步，以自己适合的速度、方式，朝着自己认定的方向、目标，用自己的头脑思考如何走，这样才能从根子上解决教育的各种问题。

　　这个系列对每位教育当事人是清醒剂，从不同角度和路径构成解决教育问题的整体对策体系。中国当下的教育问题，就好比是一枚硬币，或更准确地说是一个多面体，它的一面是各级政府，另一面是参与教育的民众，还有一面是媒体以及其他社会组织，在其中起着联络、反馈以及其他各种作用。当人们对政府的某些做法不满时，可以找到政府这些做法的民众基础、媒体的盲视、社会组织的无能；而当人们审视教育上的不当行为时，发现它又与体制以及政府的某些政策和做法相关，与政府管理者的素质相关，也与社会各方面的见识和发展水平相关。

　　表面看来这些问题好像无解，其实这个解有多个方面，多个主体。这个系列就是基于这样的假定去从多个方面求解中国教育问题。每一位读者，每一个与教育相关的个人，都可以通过自己的言行、选择、表达、参与改变当下不完美的教育，也都可以运用自己的理性和思考改变教育，改变自己的生活,乃至改变社会。

如果这个社会有更多的人这样想,并身体力行地去做,那么教育和我们的生活就会一天天地好起来。

储朝晖

2017年于北京

PART 1

第一辑

如何走出教育困境

中国家长缘何为教育一掷千金

最近几年，家长为了孩子的教育一掷千金越来越成为一种普遍现象。各种补习班、提高班，不管效果怎样，报上名再说。放假了也不能闲着，出国游学一番总是极好的。

出现这种情况的一个重要原因是家长焦虑。因为中国现在的高考招生是让所有学生去排同一条队，即比总分。相比之下，其他国家高校的招生有好几条队可以排，让学生根据自己的优势选择排哪条队。这样做的好处一是排队的人分散了，没那么多人竞争；二是在优势中比拼，学生和家长信心更强，没那么焦虑。而我们排一条队，多一分可以甩掉一大波人。于是，担心孩子被甩下的家长就会想尽办法从各个方面给孩子增强补弱，大笔的金钱投入在所难免。

在教育发达国家，各高校招生筛选的标准不一样，自然就形成多样性，这种多样性和人与生俱来的多样性形成一种吻合。而我们现在教育的问题是要把多样性的人转换成统一的标准，这个统一标准的实际载体就是考试分数。这就又与就业问题产生连锁反应。本来就业需求是多样的，不同单位需要不同的人，但我们高校培养的学生是单一的。

这也是为什么家长假期送孩子出国游学的原因之一。不排除很多家长有这样的想法：让孩子先出去看看，如果有意留学，就顺势送出国。这种心理的根源在于他们认为高考不能满足自己的需求，不能让孩子的潜能得到有效发展，那么就只能用脚投票。

现在有两点有待改革。一个是政府包揽招生和考试。招生主体应该是高校，但事实上，中国其实是政府在招生。政府把某一个分数段的学生派到某一个学校进行教育培养。另一个就是总分录取模式。看总分表面公平，实质不公平。因为各科有难有易，分数不等值。应该把各科成绩分开呈现，各高校根据各科考分，决定招哪些学生。但现在还做不到，只要总分够，学校就不能拒收。

因此，关键在于给予高校招生自主权，实行多元录取机制，以多个标准评价学生。比如在美国，SAT 成绩在不同高校的招生中所占比重是不一样的，社区学院可能只看这个分数；比较高端的学校会参考分数，占比通常是 25%～40%，像哈佛、耶鲁这样的名校最多只给予 25% 的权重。这样一来，各高校都能腾出空间，提出自己的要求，而学生上学时就可进行有针对性的学习和活动，尽可能发展自己的个性。

另外，各高校要建立自己的专业招生团队。比如哈佛的招生团队除了看 SAT 成绩、社会活动，非常看重学生的使命感，一般会通过学生递交的申请短文、面试以及其他材料，进行汇总分析。如果有学生不老实，找中介机构代笔，文章口吻与学生身份不匹配，那么就可能被发现。这就是一种专业性。

实现高校自主招生，拥有专业招生团队，形成招生的多样性，学生自己也能有更大的选择空间。在这种多对多局面下，家长和学生的压力就会降下来，也就不会花钱如流水，因为统一考试的分数作用降低了，不再是唯一依据。

"药儿园"病根在投资不足和非专业管理

多家幼儿园被披露给幼儿集体喂食"病毒灵"等药物，引发各地家长乃至社会恐慌，根据本人多年的实地调查，"药儿园"的病根有二：一是长期投入不足，依据幼儿园的师生数量及就学时长，至少需要占教育经费9%的投入才能维持正常运转，而中国长期投入不足；二是在于幼儿园中大范围存在的非专业不民主的管理，比如某事发地所在省份制定的《幼儿园收费管理细则》中将幼儿出勤率与教师奖金硬挂钩，就是典型的不专业的规定，是直接导致幼儿园大面积给幼儿喂药的诱因，制定这一细则的政府部门就应承担责任。

幼儿园管理的行政化和非专业在全国很普遍，这种管理的表现方式是公立幼儿园的园长由行政任命而不顾是否有专业资质，私立幼儿园园长则由出资人任命且不管是否有专业资质；幼儿园内部的管理则行政指令高于专业准则，教职员只能听从吩咐而不能发表意见；幼儿园内部专业表达、实行和决策的空间极为狭小甚至全无，从而导致幼儿园内部常出现各种违背基本常识的保教行为。

以喂药事件为例，现已查出的情况表明有外部的权力或利益直接作用于幼儿园园长，如果幼儿园园长是有专业素养的，或没有管理部门非专业的硬性规定，或是否喂药由幼儿园内有一定专业资质的教师商议后再决定，类似的事就不会发生。此外，相信在这些幼儿园中肯定有老师对是否应该喂药有是非明晰的判断，但在一个不民主、不重视专业的园内环境中，教师的意见即便再合理，也不会被采纳，久而久之，大家就会对此类事漠不关心，使幼儿园教师的责任感荒漠化。这才是当下幼儿园中最为可怕的现象。

对于一些只顾一端的加强监管的呼声，对于一些家长提出幼儿园所有场所都装监控摄像头的要求，其基本假定是幼儿园和幼儿园教职工都是需要监管才能正常做事的人，而非自觉自主的责任人。这种看法变为具体的措施事实上是在进一步强化幼儿园管理中的行政化，过去正是这种做法在一定程度上摧毁了幼儿园的专业性和教职工自觉自主的责任感。显然，执此一端而不顾及幼儿园在一定程度上仅是政府责任未尽到的替罪羊，所提的要求和措施都将是偏颇甚至有害的。

若单以行政方式解决问题，教育部和卫生部在2010年就联合发文规范托幼保健工作，卫生部颁布的《托儿所幼儿园卫生保健工作规范》中明确提到，如果接受家长委托喂药，应当做好药品交接和登记，并请家长签字确认，幼托机构无权擅自给幼儿喂药。为何没有防止类似现象发生？如果幼儿园和幼儿园教师处在完全被动和责任感沙漠化的状态，再加大行政压力只会加重被动和沙漠化过程。

如果出事就用转为公办园的方式解决，那全国还有很多存在问题的幼儿园，也都应该转为公办园了，希望这种打马虎眼甚至有些推卸责任的做法不要成为政府的路径依赖。

也就是说，在查处这类事件的同时，更需要从根本上加大对包括私立幼儿园在内的幼儿教育的投入，提高幼儿教育的专业化水平，主要措施包括：

加大对幼儿教育的投入，打通财政资金进入民办幼儿园的通道，公平普惠地满足各种层次的幼儿教育需求。

加强幼儿园园长、教师入职专业门槛的把守。尽快清理废除行政管理部门一些不够专业的管理文件和规定。

确立现代幼儿园管理规范，包括建立规范的家长委员会，参与学校管理、办学评价及监督。

建立起幼儿园内自主、专业、民主的管理，通过提升幼儿园的自主性和专业性，提升幼儿园的品质来解决类似的问题。这样做不仅是为了解决喂药这一件事，而且还是为了建立幼儿园组织系统内专业健全的机制，预防、阻止幼儿园保教管理中存在的更多类似事件。

不当的加分只会制造"伪善"

正在举国上下翘首以待全国高考招生制度改革方案出台的时候,各省对高考招生的加分政策进行了一些调整。总体上,加分的项目减少了,加分的分值降低了,显示出人们对加分的认识更加理性。一方面,人们对各种竞赛、体育类加分项目接连缩水拍手称快;另一方面却对北京、浙江、四川等13个省份新提出的思想品德及见义勇为加分感到愕然,而且一些地方一加就是20分更令人惊诧。

在类似高考这样决定人的命运的选拔性考试中,给品德加分的做法差不多已有两千年的历史了,古代的举孝廉、九品中正就是。然而为何最终举不下去了?就是由于缺乏客观、公认、公正的标准,最终沦为权贵门阀阻挡他人晋升的工具。于是才有了科举制度的产生。

当下中国社会成员的思想品德问题确实很大。以专业的眼光看,寄希望通过在高考中给思想品德加分的方式来改善学生的思想品德状况无异于与虎谋皮。因为思想品德本身不具有可量化性,在考试选拔中给思想品德加分实质上是给思想品德赋予功利的筹码。就如同原本是个人兴趣爱好的奥数,一旦与升学挂钩就被异化成为学生的沉重负担那样,思想品德一旦被加分而与升学挂钩,也会被异化,最终成为毁坏一代人思想品德的恶政。

由于给思想品德和见义勇为之类的事项加分缺乏专业、客观、公正的标准,通过行政批准的方式操作,很难分清动机和结果之间的关系,不同个体之间也缺乏可比性,加分在实际操作中无法评定。一个穷孩子捐出一元钱可能是比一个富孩子捐出一万元更真诚的爱心。若把分加给这位穷孩子,则其他捐款更多的孩子不认可;若把分加给捐款最多的孩子,则又变成了赎买思想品德，其本身就是玷污思想品德。一旦功利性见义勇为行为出现，那些真正朴实的人就会被伤害，被赋予分值鉴定的见义勇为也是对该品行的异化。

把上面的例子推而广之，在高考招生中对一个同学们不认可的学生进行加分，就是对这一代学生的思想品德的误导，会在他们心中生成"思想品德就是个坏东西，我要避而远之"的心理。而在现实操作中，在相对差距不大的学生群体里，谁又能选到一位众人皆认可的学生进行思想品德的加分呢？因为一个或少数学生加分致使一批甚至一大片学生对思想品德的放弃，利害相权，这样的政策还有什么价值？

在一些人想方设法在体育、民族加分上作假难以消除的时候，谁又能保证用加分奖励学生见义勇为就不会出现一批为了加分而去故意见义勇为的人？由于相对于奥数，这项加分更没有客观、准确以及公认的行为标准，无法评定一个人的思想品德是否合格，甚至更高尚，该项目的设定事实上为一些权钱人士留下了暗箱操作的机会，最终将形成有权有钱就有道德的恶性循环，同样是遗患无穷。

一旦这种环境形成，就会逼迫不少学生为了获得思想品德加分而失德，掌握思想品德加分权的人们因受贿而失德，滋生全民弄虚作假走后门的歪风，思想品德底线因此而更难以守住了。

高考招生制度归根结底是与人才培养相关的一项基本制度，有利于人才成长的各种方式都需要积极去探索，不利于人才成长发展的各种制度和政策都应坚决消除。要做到这一点，就必须将考试招生制度和各项政策定位为专业工作，不能主观臆想，不能少数人拍脑袋，不当的考评和加分只会制造"伪善"。

河南替考事件再次敲响考试专业化和法制化的警钟

河南发生的大范围"替考事件"有几个十分刺眼的细节:"这已经是我第三年了,没出过事,一点事都没有";成功的秘诀是"先把领导搞定,用钱塞,给到位","把钱送给主监考",找他们做替考业务的都是领导,"都是有钱的、当官的";"去找关系,让公安局把人提走"。

这些细节说明掌握公共权力者的主动恶念与被动收买是替考成功的关口。

由此进一步分析现行高考,不难发现它是一个行政主导非专业的庞大的组织体系。外行的人以为很严格,其实不然,多年来替考事件屡有发生,手段也多有相似之处,却屡禁屡犯便能说明问题。核证、验指纹、录像、信号屏蔽似乎在技术上很严格,多年以来严格的方向也仅仅指向技术层面,很少从管理体系上进行系统补救。这才是相似的问题一再发生的根源。那些打通了关节的人,可在替考者手上戴上指纹膜很简单地就应付过去了。

现有考试招生制度完全以行政机构为主体,教育部颁布的《高等学校招生全国统一考试考务工作规定》(2013年版)要求,全国统考以地(市)或县(区)为考区,考区设考区委员会,由当地政府负责人任考区主任。考区设若干考点。考点设主考1人、副主考若干人,每个考场内配备2名(含)以上监考员,考场外设若干流动监考员。监考员由考点主考或考区相关负责人聘任。监考员须组织本考场考生入场,核对考生准考证及规定的其他证件。河南高考考务要求:考生进场时要进行指纹比对,要接受拍照,要接受身份证真伪鉴别,看起来比全国的要求还严格,却依然防不了替考者。

这种体制的重大缺陷在于它不专业,内部的各个部分是庞杂而不严谨的，也难保证参与人员的专业操守，监督者与被监督者同属一个体系——行政体系，自身监督自身永远难以有效，出了问题还要想方设法掩盖。另一方面以行政方式派来的监考人员，基本未有考试专业资质或资格要求，这就在管理上给"替考"留有空间。

消除这些弊端就必须从体制上解决问题，由专业组织作为考试的主体，它是相对独立于行政体系的机构，与行政部门属于异体，这样才便于对它进行全面、充分、有效的监督；同时对参与各项考试事务的人员实行资格准入制，对考试的各个环节依据专业规范而非行政指令严格把关，从而通过行政机构与专业机构的异体相互监督机制把权力对考试事务的干扰阻隔开来。

当然，真正的专业化还需要法治作保障，加快《考试法》的立法进程，在《考试法》未颁布前，特别要依据现有法律追究那些"有钱的、当官的"替考事件雇主的法律责任，对他们实行比"抢手"更为严厉的处罚，对有行政职务或在事业单位任职的人员，该撤职的撤职，该开除的开除。没有需求就不会有人替考，就不会发生权钱通吃伤害公平正义的事件。

加速考试专业化，走向依法治考是解决当下考试中各类问题的必由路径。结合政府管理体制改革，让考试从笼统不专业的行政权力下分离出来，才能杜绝考试领域严重作弊、索贿受贿、冒名顶替等违法现象，避免现在处理这些案件时由于行政干预总是进入右手打左手的怪圈，奠定维护广大考生合法权益的坚实基础。

"离婚择校"的尴尬怎么化解

据《现代快报》报道,在南京不允许跨区择校的严规下,有名校的地区出现"突击离婚"现象,父母为了孩子上一所更好的学校突然办离婚证,迁回住在名校学区房的老人名下。

新华社也曾报道一些地方因为推行"免试就近入学",好多家长不惜以天价购买名校学区房。现在南京的"突击离婚",则是另一种为择校而上演的疯狂之举。也许这些做法是少数家长无奈、非理性,有时甚至是无效的选择,但还是反映出相关政策的制定,存在考虑不周的地方。

简而言之,当一个地方没有在均衡教育资源上做足功夫,不允许跨区择校就会引发新问题;不从长远设计好实现教育均衡的方案并采取有效措施,仅仅强调划片就近入学,是不可持续的,是难以走通的"捷径"。

也许有人说,教育资源均衡说易行难,短时间很难做到。但实际上,最难的不是均衡本身,是怎么转换相关部门的思维。长期以来,相关部门习惯于用行政指令解决问题,不善于或不注重建立并运用机制解决问题。

就优质学校而言,正是由于现有的政府与学校的关系,决定着学校是某一地政府的"下属",被行政管辖条块分割,使得优质学校资源不能通过正常途径增长、流动与共享。举例而言,一个城市A区的好学校资源,为什么总是没办法流动到B区?从需求来说,B区的家长乃至政府部门,肯定愿意付出优厚条件,问题出在机制上。现实中,有些教师往往只能去"好学校",才能得到职称、待遇等方面的提升,为什么政府部门不能给"差学校"更多空间?

若能切实做到管办分离,由法人董事会管理学校,优质的教育资源就可能实现良性的流动。如果师资、资金、设备及其他资源，更尊重市场和教育规律，打破利益阻隔就是迟早的事。

"离婚择校"是提醒，相关部门转变思维，切实推进教育资源均衡，"就近入学"在执行中才不会走样。

彻底打开"学历门"

因为一些知名人士在国外的假学历而引发的"学历门"事件的讨论，有效地净化了中国人对学历的认识。然而，这些讨论在对国外的野鸡大学学历一场棒喝之后便戛然而止。

事实上，国内一些学校所发的假学历和假学位数量也很惊人，并且不少人还在求职、晋升或其他各种关口上使用它。中国有"父为子隐，子为父隐"的传统，于是人们抹不开面子，当然也不可能把"学历门"彻底打开。

然而，这却是一扇在很大程度上影响中国整体教育质量提升的"门"。"学历门"不彻底打开，就会直接影响《国家中长期教育改革和发展规划纲要（2010—2020年）》（以下简称《规划纲要》）所提出的"以提高质量为核心"的贯彻落实。

什么是学历？学历是学习经历的证明。而假学历，就是未经过特定的学习过程或未达到某一学业水平而拿到了标示这一学习经历的证明。既然能够拿到假学历，就意味着一些人可以不经过相应学习过程、不达到相应的学业水平，也能获得相应的机会和权利。这本身不只是不公平，也意味着学历本身没有客观、真实的标准，于是教育也就无真正的质量可言。

据本人实地调查，中国的假学历问题从初中就开始出现了。不少学生在初二或初三辍学，但最终他拿到了初中毕业证书，出现这种情况有三种原因：一是这些辍学生外出打工需要一个初中毕业证明，外出一段时间后再回到学校要了一份初中毕业证；二是一些地方为了自己的"普九"业绩不落人后，给那些未真正完成九年义务教育的学生也发了毕业证书；还有一种情况是对于一些学业成绩落后太多的学生，学校怕拖自己"正常工作"的后腿，便放任自流,最终也给他们毕业证。

高中阶段假毕业证相对初中来说少一些,但也存在一些人因诸如参军等"实际需要"而拿到了假毕业证。

大学阶段的假毕业证、假学位证就更是五花八门,在不同时间段还表现形式不一,这方面已经有不少人作了详尽列举,在此就不赘述。

学历不真,教育无信。假学历对教育质量的影响是长期的,因为它对教育质量标准的影响是长期的,对能否确立诚实的价值观的影响是长期的,对教育信誉的影响是长期的,对教育信仰的影响更是长期的。半掩着门,就难以扫清其内藏的污垢,就不可能使当今乃至未来的学生对教育产生神圣感,影响他们真诚地静下心来学习,影响他们踏实地追求真理做真人。

正因为如此,有责任感的人对已经存在的假学历就不能视而不见。

首先,最好的办法是由曾经拿过假学历的人自己在一定范围内作个说明,表明以后不再使用这一不真实的学历或学位,或口头,或书面。这样既能去假,又能保护因各种原因不慎拿过假学历而内心不安的人,保护那些想真诚面对这一问题的人。其实他们当中多数并不是如何坏的人。对于这种人应当既往不咎。

接下来,各级各类用人部门应该对在岗人员的学历做一次清理,鉴别真伪,不应让假的继续假下去。对于事先未能说明而被查出来的学历作假者,应追究其个人责任,至少应撤消他因使用这一学历或学位获得的权利和机会。

同时,也不能让那些诚心作假的人逃脱,因此要鼓励举报。要想人不知,除非己莫为,相信所有使用假学历的人都会有人知晓。对被举报确证学历作假的人,应给以适当的处罚。出现这种情况,在美国要辞职,在日本要谢罪,在中国,不同的用人部门应根据自己不同的情况采取辞退、降职、公告等不同的处罚措施。

彻底打开学历门的关键,还在于保障今后不再出现假学历,真正让学历的获取过程完全呈现在阳光下。事实上,只要用人部门稍一认真,街头兜售假文凭的人就不会有生意了。最难以解决的是一些学校参与到假文凭的制作过程,这些学校或出于功利的目的,或由于自身条件不够好、师资不够强,让一些没有相应学业水平、本不该拿到毕业证和学位证的人将这两证拿到了，有些人还拿到了多个证书。

解决这样的问题，首先需要全社会改变人才观，让学历回归学历，不要过于看重学历，在选人用人的时候要更加看重才能与实际岗位的适合度。

同时，仅依靠所谓的先进技术，觉得可以在网上查验是不够的，有人可以通过更改教育部数据库来卖假证书的例证就足以说明问题。有没有更好的办法呢？关键在于建立健全的学术评价机制。一百多年前的一本学历证书给了我启示，那证书上不仅有校长的名字，还有答辩委员的五个人的签名。

换言之，预防学历造假的真正关口在学校，学校要对所发放学历文凭的学生的学业水平负责，仅仅依靠学校行政负责人签名的学历证书能否负起这个责任呢？大量事实说明，不能。需要建立健全的学术委员会，靠那些直接参与答辩的学术委员会成员对学生的学业水平负责，对文凭的含金量负责。如果这五名或七名答辩委员中有人不愿意签名，这份学历就发不出去；如果答辩委员中有人愿意让学业水平不够毕业水平的人获得毕业证书，那他的签名就成为白纸黑字不负责任的证据。

这样才能真正把住学历造假的关口，那些造假文凭贩卖的人也很难造出恰恰是某几位答辩委员的假签名，即便造出来，只需找到其中一两位答辩委员本人，便可以验证真伪。

国无信不立，教育无信也难立。明确每一个环节的责任，并明确每一个环节的责任人，让阳光照到教育的每一个环节，才有可能使中国的"学历门"真正打开，才有可能使学历清清爽爽，教育干干净净。

对付"隐瞒一时是一时"的良方是"公开一点是一点"

云南云县民族中学有多名初中女生被强迫卖淫的事实被民众揭露后，当地领导"一直想把这事隐瞒，隐瞒一时是一时"，并告诫有关人员，有记者来采访，不准实事求是地说话。

这样"捂住"的后果是类似的事又发生了，又有一些无辜的孩子受到伤害。云县公安局接到报案后，迅速立案侦办，抓获许某某、黄某某两名犯罪嫌疑人。这应该是铁的事实本身开始说话了。

就是这样的事实，一些网站发布该消息后不久便被删除了，这应该是在更大范围内"隐瞒一时是一时"的体现。而在更微观的层面，在"有待公安机关调查"，事实和证据尚不充分完整的情况下就公布涉及此事的十一二名学生，仅有三人受到伤害。这种在没有充足依据的情况下就急于公布的判断是不是又有"隐瞒一点是一点"的嫌疑呢？可见，"隐瞒一时是一时"还不只是当下某个领导的要求或指令，还是一种潜意识里普遍存在的文化，不少人都在有意无意地维护它，不敢公开站出来说出事实真相。

分析此事博弈的双方，隐瞒就对犯罪嫌疑人有利，对维护当地领导人当下或短期的形象有利，或者说对保住某些应该对此事负责任的官员的职位有利；公开显然对保护受害人有利，对阻止此类事件再度发生有利。从短期的利己小圈子出发，某些官员竟然选择与犯罪嫌疑人站到同一边了。然而事实终归是事实，这样做民众对这些官员是不会有好感的，天长日久这些官员也不会有好结果。对于大多数采取事不关己高高挂起态度的沉默者而言，或许哪天你就成了受害者。

与其这样利令智昏，不如干脆直面事实，站到民众和正义这一边，把该公开的事实都公开，让阳光能照到的地方都照亮。就拿这件事而言，假如在当地闹得沸沸扬扬的8月就让阳光照到，就能做到公开透明，就给相关当事人适当查处，就会挽救更多人，其中包括一些犯罪嫌疑人。

当地已发出通报称要求教育主管部门和全县各学校立即开展全面自检自查，进一步强化对学生的教育和管理，切实把责任落到实处。这样的态度很好，能否落到实际行动，也需要公开透明，让民众看到究竟政府和学校为此做了什么。

当然，这样的做法于一些地方政府是不习惯的，既然还存在"隐瞒一时是一时"的文化土壤和体制基础，应对的良方也只能是"公开一点是一点"了。

对于那位势力很大，当她出现时别人不敢反抗，受害人不敢报警的云县"大姐大"许某，也应公开一点她的信息，她的势力来源于何人何处？是否与公权或某个掌有公权的人有关联，也需要给公众一个交代。

高考新方案对农村教育调查不充分

全国人大代表、中山纪念中学校长贺优琳指出新出台的高考改革方案会使农村考生更加边缘化。对现行的高考招生制度有很多人作过大量研究，本人也作过较全面的实证分析，其结论基本趋于一致：现行考试招生制度对农村生源是不利的。这主要体现在两个方面：一是由于农村教学条件和师资水平较差，农村考生所考的分数与城市条件较好学校的学生的考试分数是不等值的，或者说农村学生考70分的智力水平相当于城市条件较好学校考80分或90分的学生，但在算录取分数线时是不加区别的；二是从多年实际录取个案的大量统计平均结果看，进同样一所一本大学，农村生源考分要比城市生源高出15分才能被招录。这两方面一叠加，可知现行高考招生制度在城乡生源上的不公平是巨大的。

贺校长关于农村考生更加边缘化的判断肯定是以现行的高考招生制度为参照说的。不知道贺校长是否知道现行高考招生制度在这方面有如此大的不公平。如果知道了还想维持现有的高考招生制度不改吗？尽管最近几年中央政府采取了招生指标向农村倾斜的政策，依然无法解决农村生源吃亏的整个问题。

新的高考招生方案实施后，这种状况到底是进一步恶化还是有所改善，除了贺校长讲到的学科因素，还需要值得注意的是，高考改革方案制订时对农村教育的调查确实不充分，农村学校表达发声的机会少；再就是农村的学生、家长、教师和学校应变能力较弱，应变速度较慢，不少人认为与其改变还不如不改，即便改了以后比不改要强得多，他们也宁愿不改。正因为此，对"农村考生会边缘化"之类的声音，教育管理和高考招生方案的制订和实施者应该诚心诚意听取，给予尊重，做好实证调查，把它作为完善改进高考招生制度的必要参考。

由于长期在农村作调查，十分理解乡村民众对改革的无力感，他们对新的高考改革既盼又怕又怀疑，生怕自己看得见的唯分数的老菜坛被打破，不想作根本性的变革。贺校长由对自主招生已经加大了城乡差距推断出新高考改革无疑是雪上加霜，便带有这种典型的特征。所以高考招生制度改革需要通过专业和法治两种手段消除公众对改革的疑虑。

从专业的角度，可以做的事很多，例如采用依据不同地区教育发展水平、师资条件等因素划出学生的考分等值线的办法，设定在某个农村地区考70分等值于城市地区考90分，当然这一分值的换算需要严谨的专业程序确定，而非采取派发行政指标的方式衍生出新的权力寻租和不公平。

从法治的角度，关键在于全方位监督与考试招生相关的权力。人们担忧的不少问题是改革不彻底造成的，例如依然还是政府包揽的考试招生，权力的灰色空间还存在，而没有独立第三方专业评价机构依法进行测试评价，不少时候还由于行政部门不专业造成不公平；依然没有《考试法》作为规范考试公平的依据，农村生源较长时间的不公平状况缺乏有效的反馈和问责机制。现行对农村学生的政策倾斜缺乏长期性、连续性，覆盖不全面，缺乏专业的支撑。

简言之，保障各方面的意见充分表达，有助于制订出相对完善的高考改革方案，充分考虑到农村学生的权益保护是其中一个不可忽视的大问题。这就需要在学生的评价上有切实的改进，拿出公众认可的专业证据，实现高考招生的实质公平而不能仅仅停留于形式公平，彻底解决对农村考生产生不公平的问题。

师生低劣互动是教育评价单一的后果

华东政法大学一名女学生因点名不到遭老师委婉批评，竟乘老师不备向其泼热水，造成后者面部烫伤。

从这件事的整个过程看，这位老师在连续四节课的第一节课点名，该女生直到第二节课才到教室，向老师解释她在别的教室复习考研，忘了有这节课。这位被别的学生认为"对学生还不错的"老师仅表达了"这样考得上研究生吗"，还在这名女生主动拿他的杯子去饮水机处接热水时说了声"谢谢"，依然免不了遭到被烫的后果。

整个过程中严重不合逻辑的是教师的善意遇到了这位女生的曲解，并实施蓄意的人身伤害恶行，还要辩解"老师诅咒她考不上研，她让老师看不见明天的阳光"。看来她本意是想烫瞎这位老师的眼睛的。

人常言眼睛是心灵的窗户，这位蓄意烫伤别人眼睛的学生心灵中究竟有些啥，让人不堪深想。从她所表现出的言行看，考上研究生是高于一切的目标，高于师生之间的情谊，高于面前一个鲜活的人的人身权利和尊严；更何况老师说"这样考得上研究生吗"，在普通人听来也就是一种善意的提示，而在她听来就是对她的诅咒，若她能适当听进去，或许真的有助于她考上研究生。现如今发生这一事件，说不定还真能影响她的考研。

当然，这位女生肯定想不到这么多。产生这样的后果，从比较近的直接原因看，说明师生接触的机会还是不多，以致了解程度不够，从而导致表达和接受之间出现误解、曲解。现在校园中由于多个校区、学生过多，师生交往不够成为普遍现象，老师要坐很远的车去上课，上完课就走人，课下和学生交流的时间太少，不能像叶企逊当年那样常找学生到家中谈心。在这件事中,如果没有误解和曲解,这件事就不可能发生,可见增加交往和深度了解是消除误解的不二途径。

深入分析更深层的原因,就是这个学生的心胸和视野被严重窄化到一个极端狭隘的区域。对学生的调查表明,这样的例子绝非个案,而是大有人在。产生这一后果的真实原因是单一的教育评价,在学生心中从小就确立了分数高于一切的观念,与他人竞争进好的小学、升重点中学、上大学、考研究生、拿博士学位,从而将个人内心修养、对他人的尊重理解、倾听他人意见、与他人合作这些最基本的做人能力和素质抛到脑后。

在这种情况下,学生发展长期被挤压出现畸变,倾听能力不足,与他人交往不够,不善于利用协商方式解决问题和争端,为人处世的不当现象就会自然出现。在这个案例中,即便这位女生一开始上前拿杯子的时候有歹念,如果在上述素养方面尚存一点,也会在老师说声"谢谢"的当下放弃或中止行为。正是由于缺少这样的修养,反倒有可能把老师说的"谢谢"也当成对自己的嘲笑,并在此刻生成歹念而实施恶行。

这件事既然发生,就应毫不犹豫查清事实和因果,给予犯错者应有惩罚,这本身就是对她最合适的教育,也是防止师生间如此低劣互动再次发生的有效措施。

放弃资格是规避处罚还是承担责任

2014年,据《人民日报》报道,辽宁复核所有体优高考生,要求考生自证真伪。曾被媒体关注的本溪高中87名体优生中有58人放弃加分,其中包含辽宁省理科状元;辽宁省本溪市原有168名加分考生,有74人主动放弃加分,94人签订了《考生申报体优生加分资格诚信承诺书》(以下简称《诚信承诺书》)。放弃加分资格的考生加分项目涉及篮球、排球、足球和游泳四个项目,其中涉及游泳项目的24人,而原来该校在游泳项目上获加分的考生有25人,即只有一人签订了《诚信承诺书》;足球项目放弃加分考生共有26人,而原本该校在足球项目上的加分考生有36人。

这个事实证明,即便对加分者本人而言,他们也认为自己的加分是有水分的。然而,在这样大面积作假的事件中,谁该承担责任呢?

人们不由得产生联想,这里的放弃资格是不是像一些证据确实、被人们举报有问题的官员以主动辞职的方式来规避处罚?如果是这种态度,谁又能相信那些没有放弃资格的国家二级运动员就是真的呢?他们是否因为有更大权力的保护而通过一纸《诚信承诺书》就能过关呢?所以对于签订了《诚信承诺书》申请继续享受加分资格的考生,也还需要专业机构核实才能证明是否弄虚作假。

从操作层面说,没有客观的测试,谁都不能保证某个学生是否有国家二级运动员的水平,以学生自证这种方式应对公众的质疑本身就显得扭扭捏捏,不是勇敢担责的态度。

若事实真像辽宁省体育局负责人所言,负责国家二级运动员审批事项的工作人员只有一人,虽然把审批权力下放到各地市,但是仍然人手不足,很多比赛都是在省外举行，体育局也不可能派人去监督比赛成绩，那么在没有确实证据证明学生水平的情况下，人家就从您的手中拿到了二级运动员证书，发证者无论如何是难以推卸责任的。

若背后的原因就像这位体育局负责人所说，"虽说高考加分政策对提高学生身体素质起到了很重要的作用，但是随之产生的利益也让学校和家长趋之若鹜"，那么在学生、学校或者家长利用加分机会钻了这个空子的时候，利益的另一端流到何处了？职能部门有无管理的责任？

若如同一些业内人士所说，比赛组织并不是很规范，一些体育部门利用组织比赛给需要国家二级运动员证书的考生乱发成绩单，以此种手段获取证书，另外在测试过程中也存在家长或学校"收买"考官的现象，这类做法能通过自证就洗白吗？当人们的眼光转过去之后是否又变黑了呢？

教育主管部门以"国家二级运动员证书由体育部门颁发，是否存在造假和买证的行为，我们不了解"为说法也不合适，当你上市场买东西，人家找给你假币你就收下了吗？就如同不能收人假币那样，教育部门不但不能接受其他部门的假证，而且也不能把这个假证再用出去骗人。

综上可以看出，在这件事上，各有关部门都还是躲着不想承担责任，在这种状态下，这个问题要想得到妥善解决，仍然还是"路漫漫"。

高校腐败突显系统性缺陷

了解高校内情的人知道，腐败问题早已存在，弥漫于基础设施建设、招生就业、助学金发放，甚至学生干部选任等各个方面，且已揭露出来的只是冰山的一角。

对于高校内的腐败，切不可等闲视之。这是由于高等院校腐败直接伤害的是人生观和价值观正处在形成时期的青年学生，这里的腐败具有更强的示范性和传播性，如果高等院校成为社会腐败的发源地，其影响将是深刻而持久的。

某高校一位熟人的孩子想加入该校团委，发来一篇据说是该校团委书记的文章，要我帮忙发表。粗看之下，我发现文章内容多为工作叙述无法发表，对方却说这是团委书记交给他限定时间内完成的"任务"，否则将会影响他的"前程"。据他说，高校活跃的学生积极分子，大多是以贿赂方式成为干部。

有鉴于此，遏制高等院校的腐败就是在救赎一代青年人，这已经成为当务之急。如不尽快加大打击力度，中国损失的将不只是知识增值能力，还将是多年积累的教育投入、清廉的未来社会和一代青年的未来希望。

当下，不得不系统思考现有大学管理制度存在的系统性缺陷。

这种管理制度从外部看是接受政府行政权力赋权，成为行政机构的复制品和附属品，不受或难以接受学校内部师生的监督，留出了较大的空间。从学校内部看，行政化特征几乎复制到每个角落，原本是学校核心主体的师生基本权利得不到保障，一些学校由于招生腐败导致学生质量急剧下降，直接从事教学的教师有苦说不出，高等院校科研经费的申请与划拨几乎是按照行政级别进行的，担任院校领导职务的科研人员往往能够获得巨额的科研经费雇人作研究，而普通教授申请科研经费往往阻力重重。

解决高校的腐败问题，追查已发生的腐败责任人当然是必要的，但仅此不能解决根本性问题，必须标本兼治：一方面加大打击的力度，对所有可能涉腐机构的负责人进行全面的审计清查。另一方面必须从长计议，尽快加速大学的去行政化进程，下决心对现行高等院校管理体制进行脱胎换骨的改革，建立现代大学制度。

现在大学制度的主干是校长遴选制度、专业人员主导的教学管理制度、学生自治制度，即要让所有人在大学章程的约束下依法自主管理，建立真正有职有权的理事会、教授委员会，包括学校领导在内的所有人都必须依章办事，接受别人的监督。包括招生、职员招聘在内的选人用人，科研与教育经费的分配和使用，教学与教育评价等各领域都不能一个人说了算，必须经过专业组织议定。现代大学制度就是要让权利依章依规运行并接受全程监督，让师生成为大学真正的主人，让他们的自主性和创造力得到充分发挥。

这样的大学才能变得更清洁。

然而，自从《规划纲要》提出建设现代大学制度后，由于各相关方面思想认识程度不高、存在重重阻碍，进展缓慢。眼前的现实表明，各相关方面要痛下决心，加快现代大学制度建设，以实现对青年一代乃至民族复兴大业的救赎。

高考招生改革如何消除腐败纠结

十八届三中全会通过的《中共中央关于全面深化改革若干重大问题的决定》（以下简称《决定》）提出：推进考试招生制度改革，探索招生和考试相对分离、学生考试多次选择、学校依法自主招生、专业机构组织实施、政府宏观管理、社会参与监督的运行机制，从根本上解决一考定终身的弊端。

《决定》公布不久，中国人民大学招生就业处处长蔡某生就因涉嫌违法违纪问题接受调查，传其涉案金额达到数亿元。于是，公众产生了普遍的疑问：控制在录取比例 5% 以内的自主招生政策就导致如此大的腐败，完全放开由高校自主招生的改革会不会产生更大更普遍的腐败呢？

公众的这种担心确实不是多余的，却没有全面深入分析该问题。

先来看看近些年所发生的大学招生腐败案件，虽然形式多样，根本原因还在于不受监督的行政权力在作怪。自主招生仅是其腐败的出口，恶的根源不在自主招生，而在于控制这种自主招生的行政权力和计划体制。现在的招生情况类似于当年的价格双轨制时期，当时出问题不在于有了市场，而在于在行政主导的计划体制下有权人操纵市场，或市场作用的空间太小；现在自主招生出问题不在于有了自主，而在于这种自主依然是以计划体制为基础，控制在不受监督的行政权力手里。

因此，完全由学校专业团队自主招生恰恰是限制了过度的行政权力，是从系统上消除腐败的制度基础。现在出现的招生腐败案件不仅不能说明需要停止自主招生，反而说明了在行政主导的计划体制下的自主招生再也不能继续下去，应该尽快彻底抛弃行政主导的计划体制，放手让所有学校组建专业团队实行真正的自主招生。

由所有学校自主招生会不会产生腐败呢？依然会。关键在于它会形成一个责、权、利相对统一的机制，招生招得好就会对这个学校有利，有利于今后的教学、管理与学校发展，招不好就不利于学校发展。如果哪所学校领导要拿它玩腐败，与这所学校利益相关的各方都会反对。同时，各所参与招生的学校会形成一个"牛吃草"的平衡机制，就如同草原上放牛那样，每所学校相当于一头牛，它们总会在尽可能的范围里找最好的草吃，各校也会招收他们认为素质较好的学生，这样一方面在总体上能避免计划体制下各地因指标分配不均造成的招生不公平；另一方面会使招较差学生的学校落到其他学校后面，导致日后学校发展和声誉受损。

也就是说，在理论上，完全由高校自主招生相对于行政主导的自主招生会更加公平，学生会更加自主，产生腐败的系统可能性会大大减少。这种改革能减少腐败的另一重原因在于，原有的腐败发生在行政主导的招生办、校领导、省级招生办甚至更高层，权力相对集中，位高权重，监督起来比较难；而学校自主招生的决定权交给了不同的专业人员，权力低位且比较分散，考生、家长、公众、学校行政都可对他们进行监督，只需要有严格的程序就可以有效监督。

有人可能会说以上仅是理论上的推理。对，实践中至少不应选择在理论推理上就有可能产生更大腐败的方案。理论上不能腐败的方案显然要比理论上能够腐败的方案好，它是保证实践上不能腐败的前提，而那种期望"青天"式人物来保证公平、公正、廉洁并能包办一切的想法经证明是靠不住的，最该相信的应是每个人自己参与进来。这种参与以政府退出为前提，以招生指标和计划体制的消解为路径，以专业组织、学校、学生的参与为主要方式，这才是这次高考招生制度改革思路的大方向。

接下来人们最大的疑问在于各校能否组建起真正的专业团队，做到这一点又与大学的管理体制改革直接相关，从这个角度说，大学体制的行政化是腐败的直接诱因。要想真正解决高校的腐败问题，就要加快高校去行政化的改革，不断推进自主办学、学术自治、教授治校、学生自治的现代大学制度建设。所以宜将建立现代大学制度与高考招生制度改革同步推进，或者以建立专业的高考招生为先导，建立现代大学制度。

有了上述外部条件，高考招生改革还需设置专业、严密、公开透明的程序，排除在系统上任何一个人或任何一个环节越权操控的可能。从招生人数、规则、过程到结果都应公开可查；从学生报名开始，到最终招进学校，任何一个环节都不能有不受监督的力量，不能留下超越规则的暗箱操作机会。

由专业团队招生，就必须放弃以高考分数为唯一依据的评价尺度，这又是很多人怀疑可能存在腐败的地方。专业团队评估会看学生在什么样的条件下得到这个分数，进而作出判断。就好比一个学生在偏远落后地区的学校考80分，和一个在北大附中或人大附中这样著名高中的学生考个80分，其分数一样，但背后蕴含的潜力和素质完全不同，对此专业团队应依据实际情况形成明晰的规则，公众在理解这一基本原理的基础上，学会参与监督。

专业招生团队可能相对于行政人员更有操守，但并不能保证他们天然不会腐败，所以，一方面内部管理也必须有相应的规则，团队的人数不宜过多，应覆盖学校的各主要专业，代表与录取有关的相关方面，一般在20人左右的单数为宜，行政人员一般不参加。招生团队有充分的自主权，经过计算机将可量化的信息（如列入考核的各种得分与得分条件等）筛选后，再由招生团队对留下的学生材料进一步分析，最终议决招录名单。招生团队成员一般任期为三年，每年更换三分之一的成员，以保证每年参加招生的人都不一样。每一个环节随机产生，以防考生预先获悉谁将参加招生工作，通过相对复杂的程序来有效地防止行贿受贿或者各种幕后交易。另一方面，包括考生和家长在内的利益相关方、公众、媒体的监督不能断线。专业招生团队的行为必须处于全程受监督的状态，他们的工作过程可请校友、家长、当地人大代表或相应的民意代表参加观摩，以确保专业团队的最终判断更加客观、公正、真实。

高考招生制度改革目标是建立以学生成长发展为本的自主、专业、公正、透明的高考招生制度，这是一项系统的社会治理工作，需要比过去的高考招生有更多的人参与，同时又要建立新的规则体系，包括防止腐败的规则体系。

博士后流动站虚增耽误了谁

博士后阶段是旨在为短期内未确定长期研究方向的博士毕业生寻求合适工作设置的衔接过程。从本质上说，这是一段工作经历。而国内曾一度将其视作比博士更高的学历，这显然是一个误区，也误导了博士后制度的发展。

博士后超期问题是这种误导的后果之一，此外，博士后流动站在管理上存在的考核不严格、博士后业务水平不高等问题，相对比博士后超期离站更加普遍。博士后发表高水平论文偏少，甚至一些论文质量不如博士论文。流动站对博士后研究的范围、要求不明晰，一些博士后的工作不太具有研究价值，博士后本人出于种种原因，也认可这种"熬资历"的工作状态。

是否需要设置博士后流动站，设置多少流动岗位，一定要从研究的实际需要出发。而当下因人设岗（因某人有了博士后导师资格就要招博士后）、因站设岗（因为有了站就必须招博士后）的情况在较大范围存在。从单位角度而言，不需要博士后岗位的单位，就不必设置博士后流动站；从个人角度而言，没必要经历博士后阶段的博士毕业生，就不要盲目进入博士后流动站进行所谓的熬资历。

事实上，博士后学术进取心不强的主要原因，与博士后的定位有关。很多人将博士后定位为周转性质岗位，但如将其定位为竞争性研究岗位，局面就会大大改观。这种改变需要切实以需求为第一依据，没有需求的流动岗位就应该撤销，同时以需求为动力提高进站人选的选择性，提高对其工作专业性要求的标准。唯有如此，博士后流动站的质量才能切实提高。

而当下，无论以需求标准看，还是以专业水准来看，国内博士后流动站开设都过多、过滥。在国内设置博士后流动站初期，许多单位把博士后视作比博士更高的学位，同时认为博士后流动站兼具了彰显学术水平、单位地位、个人学术荣誉的功能，即在评价一所高校或科研机构时，博士后流动站成了加分项目。这就使得博士后流动站的发展被注入了过多权力和功利因素。

究其根源，博士后流动站虚增在于其价值的偏离，不是追求专业的发展和学术的繁荣，行政逻辑和功利取向等非学术力量把它捧得过高，这一情况的出现当然不能代表学术的真实需求。基于博士后流动站实质上成为一种象征的原因，博士后流动站的运行又滋生出两大问题：一是缺少严格的专业考核规范，二是即便有相关的考核规范，也没有真正实施。这在某种程度上造成许多没有太多学术含量的岗位也在招收博士后。

面对一些博士后流动站中博士后沦为"打杂工"的现状，需要进一步反思什么样的单位才真正需要设置博士后流动站。有理由认为，有较高层次短期专业研究需求，而非一般专业研究需求的单位，才应该开设博士后流动站。应依据这一标准作一次全面筛选，然后对确有必要保留的博士后流动站加大去行政化力度，应该依据专业的规则设立、管理、运行和考核，这样中国的博士后流动站才能步入常态发展。

（《中国科学报》记者温才妃采访整理）

整治教育乱收费得从根上入手

多年来，教育乱收费始终是社会反映强烈的问题。乱收费问题连年严查却有禁不止，九年义务教育已经免除了学生的学费和杂费，但学生家庭的经济负担并未因此减轻。屡禁不止的教育乱收费，其深层原因，也就是根子问题耐人寻味。

教育乱收费的根本问题在于教育管理和资源配置的权力运行既不公开透明，也不客观公正，于是衍生出两大类不规范的收费行为：

一类是被动收费行为。例如，一些农村边远地区学校、主要接收农民工子女和留守儿童的私立学校，虽然履行着义务教育的职能，却很少得到政府在财政和相关政策上的支持。这些学校为了维系自身的正常运行，不得不违规收费。

另一类则属于主动收费行为，这是由于政府权力运行的不规范，造就了学校间教育资源分配不均，进而产生择校问题，也就引发了与升学挂钩的各种乱收费行为。这一问题的根源在于与教育相关的行政权力运行和资源分配过程公正性缺失，而多年来的治理并未触及这一问题，其效果也就可想而知。

因此，治理教育乱收费关键在于监督相关权力的运行，使之处于公开透明状态，逐渐实现客观公正。当下一些地方开展的教育财政投入事前评估，就是宏观层面的一种积极努力。

而微观上，则应该彻底废除义务教育阶段学校选择学生的权力。理论上讲，义务教育阶段，公立学校要履行法定职责，没有对学生挑三拣四的权力；从现实状况看，正是由于部分强势学校存在"幼升小"或"小升初"的选择特权，才衍生了各种占坑班、共建生、条子生、奥数、补习、择校等一系列利益链，让乱收费如影随形。

更为关键的是，在废除学校"择生"权力的同时，教育主管部门必须依据就近入学原则，建立完善的学生入学派位方案，让学生和家长拥有在一定范围内选择学校的权利。

综上，只有让公权力真正在阳光下运行，才能彻底改变多年来教育乱收费治理效果不明显的尴尬状况。

责权不明的章程很难落实

在中国现有的条件下，建立现代大学制度本是一件十分艰难的事。2013年六所高校不畏艰难，率先提交了章程的征求意见稿，应该值得嘉许。

拜读各校章程，确实有一些可喜的进步，比如不少学校引入了票决制，不再仅仅是举举手、表表态，这就是个很大的进步。但与此同时，我也发现章程中还存在不少问题。

首先是责权关系主线不明。党政、政学权力划分的老问题并未得到真正解决，各校几乎一致地采用了模糊处理的办法。例如，各校章程都标明"本章程的解释权归校党委"或"党委常委"，这是否意味着该章程是校党委制定的，而非依据《高等学校章程制定暂行办法》所要求的，按照民主、公开的原则，成立专门起草组织开展章程起草工作？再比如一些学校除了党委、校长之外，还设置了学术委员会、学位委员会、教职工代表大会、校务委员会、工会，不只是这些组织通过什么程序以及如何产生没有言明，它们的职责范围也无具体界定。

其次，在办学理念和办学目标上确实还有不少学校显得不够明晰，中国人民大学的"人民、人本、人文"理念提炼得不错，而东华大学倡导"观念兴校、学术兴校、管理兴校"作为办学理念就显得"万金油"得离谱；同样，人民大学及众多大学以"人民满意、世界一流"为大学建设目标让人感到太含糊。

再者，章程应使用规范的法律法规术语。《高等学校章程制定暂行办法》明确要求"章程用语应当准确、简洁、规范，条文内容应当明确、具体，具有可操作性"。而各校章程中依然较多地使用了行政指令和行政文本的话语，不只是带有官腔，还显得过于抽象、概念化，缺少可操作性。

此外，各校章程都程度不同地存在着太多的雷同、冗长、无关的话语，例如某校章程竟将"学校章程是学校依法办学、实施管理和履行职能的根本制度"作为其中的一条，这些话淹没了具体章程所需的实质内容。有的学校章程罗列了一些属于章程下位的琐屑小事，却缺少大的原则。

还有一些章程的文字表述或判断存在不准确之处，例如："东南大学是教育部直属、国家重点建设的高水平大学，是我国最早建立的高等学府之一。"其中的"我国"是哪国？如果一位美国人在该校学习或工作如何理解？再如武汉某校说"学校由中央人民政府举办"，所指同样是没有明确具体的法律主体，是不规范的。

简言之，现代大学制度的核心是各相关当事人的责、权、利关系和边界的明晰，若做不到这点就难以落到实处。拿这把尺子去量一量几所学校的章程征求意见稿，应该说还有不小的距离。

报考公务员与理性还有差距

2015年度的国家公务员考试，全国共有140余万人通过国考报名资格审查，近90万名考生实际进入考场竞争2.2万余个岗位，虽然招考人数达到历史新高，但无论是报名人数，还是招考的平均竞争比，都创下五年来最低。

有人由此欣喜地说公务员报考趋于理性。即便数据发生了些微变化，国家公务员考试的报名和考试本身与理性尚存一定差距。如此说的实证依据是：一是本次国考的报录比例大约为64∶1，虽然低于2014年的77∶1，但与其他各行业的应聘情况比较，依然是最高的。二是报考公务员不同岗位的冷热不均现象依然较明显，仍有三个职位报考比例超过2000∶1，报录比例最高为2674∶1，公安局、发改委等一些掌有实权的岗位依然是竞争最激烈的岗位，而另一些岗位则无人报名，说明报名者的动机依然是外在驱动占绝对优势，依据自身潜能的内在驱动尚未见到发挥多大作用。

国考报名人数和考录比创新低，主要是经过多年的低概率筛选，那些不抱太大希望的人自然选择远离。如果这算作理性的话，那么真正说得上理性的也就是减少的那部分人，无论是用2014年通过招录机关资格审查的152万人减去2015年通过招录机关资格审查的141万人得出的11万人，还是用2014年实际参加考试的99万人减去2015年实际参加考试的90万人得出的9万人，那些可被标示为理性的人也就十分之一，事实上他们只是对遥不可及的目标选择了放弃，这样的理性还是极其浅显和有限的。

相对于全国40∶1的考录比，北京大约在10∶1；在全国职位报考比例超过2000∶1的时候，北京个别"超热"岗位招录比为410∶1。从数字看北京人考公务员比全国其他地方理性，但相对于北京的其他岗位，公务员仍是更多人的优选。北京招录比高其实质原因在于北京有更多的选择机会。

判断一个人作出某一选择是否理性，首先要看其受什么驱动，如果受到较强的外部驱动，较弱的内部驱动，都不能算作理性。当参考者主要依据对自身潜能适合公务员工作而作出选择的时候，才能视作理性的选择。以这样的标准衡量，当下报考公务员还远远没有到达理性的常态。

正因为此，让公务员考试回归理性常态还有比较长的路要走。要做到这一点首先要让社会权力结构更加扁平，在更多人的思想里建立人人平等观念，确定包括公务员在内的各行各业平等，消除官本位。同时，在招考过程中，有必要对公务员招录岗位职能、资格条件、工作性质、工作环境、工作地点更加具体地进行描述，以减少盲目报考的考生。再就是需要通过简政放权，依托市场创造更多的就业机会，让更多的创造型人才有用武之地，即便不当公务员，也能较好地发挥自己的聪明才智。

"学习效果稳步下降"根子在哪

美国彭博社发文称,教育问题会成为中国经济发展的阻碍。这种说法并非纯粹戴着有色眼镜,相关忧虑是客观存在的。

2010年之前的中国劳动力市场主要是接受过义务教育的人,他们是中国经济高速发展的重要动力。这与该时间段中国经济主要依赖劳动密集型产业不无关系。相比之下,上过大学、从事研发工作的人还是少部分,对经济的总体贡献份额较小。

如今,7年过去了,我国接受高等教育的人在整个经济发展中的贡献肯定在逐步扩大。但高等教育在整个经济中发挥作用的总量,与我们现有高等教育的规模依然不相称。那么这种不相称会不会长期延续下去?甚至像彭博社说的那样,教育问题成为经济发展的阻碍?

宏观上说,我国的高等教育长期存在过度现象。比如,一个岗位本来招个本科学历的就够了,但现在这个岗位招的是博士,等于是把博士生当本科生用。这种现象的存在,就必然造成教育和经济发展之间的不平衡。

另外,从微观上讲,我们现在的教育确实用了很多时间传授给学生知识,但却未能将他们创造创新的潜能充分激发出来。在中小学阶段,学生的时间被繁重的课业全部占满,这不仅影响到学生的自主学习能力以及其他天赋潜能的发挥,而且长此以往容易形成被动型人格。其外在特征是,老师和家长叫他干吗就干吗,如果不叫就没事干。

当这些学生走进大学校园以后,很多人以为船到码头车到站。本来最忙碌、用来进一步汲取知识的时间,却被花在睡懒觉上网打游戏上了。因为他们从小就听父母反复唠叨——"好好学习,考上大学",所以考上大学之后就觉得人生没有目标了。因此,有北大老师给副校长发公开信,抱怨学生学习效果稳步下降,也就不难理解其中缘由。又由于中小学时期的简单灌输式学习,主动性被消磨,他们也就很难在20～40岁这个发挥创造性的最佳年龄段,拿出优异的表现。现在这是一种普遍现象。

探求真理、解决社会问题是推动一个人学习的强大持久动力。如果这两个动力伴随一个人始终,那他一定会有所成就。小学是一个人接触大自然最关键的阶段,中学则是一个人对社会问题最敏感的时间段。但现在我国的学生在小学阶段接触不到自然,在中学阶段接触不到社会,他们能做的就是在教室里刷题。那么,他们在动力上就会有问题。这是我们需要忧虑的。

面对这种问题,一定要对教育的管理和评价进行变革。我认为,在中小学阶段,国家规定的课程学习最高只能占60%的时间,其他时间应该空出来,让每个学生发展自己的兴趣爱好,不要"题海没志"。孔子说,"吾十有五而志于学,三十而立,四十而不惑,五十而知天命,六十而耳顺,七十而从心所欲,不逾矩"。如果十五六岁的孩子都被关在教室里做题,不能形成远大的志向,使得未来个人发展没有大的格局,那么社会和经济发展受到影响也就难以避免。同时要改革评价机制,不要死抠一分两分,而要通过更专业更综合的体系考评学生。否则,为了那60%,还是会有人"拼命"。这个改革启动得越晚,对中国下一代的影响越大,对中国社会的影响越大。

现今,越来越多的家长用脚投票,把孩子送到国外上学。据统计,2016年,在美留学生中,中国人数量第一。如果哪一天,这个数字的上升趋势乃至绝对数值降下来,那么就说明改革见效了。希望那一天早些到来。

PART 2

第二辑

坚守教育的真谛与使命

瞄准人民幸福办教育

陶行知教育思想和实践具有可以穿越历史的鲜活灵魂，在于它的人民性。他所提出的生活教育，从内容上说是生活的教育，从方式上说是用生活来教育，从目标上说是为满足人民生活向前向上发展的需要而教育。简而言之，就是始终瞄准人民幸福办教育。

陶行知在金陵大学求学时期就明确意识到："人民贫，非教育莫与富之；人民愚，非教育莫与智之；党见，非教育不除；精忠，非教育不出。教育良，则伪领袖不期消而消，真领袖不期出而出……故今日当局者第一要务，即视众庶程度，实有不足。但其为可教，施以相当之教育，而养成其为国家主人翁之资格焉。"他把养成国民的国家主人翁资格，作为教育瞄准人民幸福的起点，并试图从重视个人价值、唤醒个人责任、给予个人以平等机会、视人民为社会主体等方面"谋国民全体之福利"。

陶行知由此确立了"余今生之唯一目的在于经由教育而非经由军事革命创造一民主国家"的人生目标，并在离美回国轮船上和同学们豪迈地说："我的志愿要使全国人民有受教育的机会。"他不仅这样说，而且毕生始终不渝地朝这个目标去做，提倡新教育，改革旧教育，先后开展平民教育运动、乡村教育运动、普及教育运动、国难教育运动、战时教育运动和民主教育运动等。

陶行知感到，旧的教育实践和理论是吃人的教育，它不只叫人吃别人，还教人吃自己，是不可能创造人民幸福的，因此建立他的生活教育理论，要教人做人，教人生活，教人读活书，活读书，读书活；要教民众做主人，做自己的主人，做政府的主人。1929年春，陶行知对自告奋勇去淮安办新安小学的几位学生说:"你们是到那里去创造,不是到那里去享受。你们是去为农人和儿童谋幸福。"他常告诫学生"为农人服务,帮助农人解除痛苦,帮助农人增进幸福"。为了适应建立"富而强的共和国"的需要,一方面倡导要培养好领袖,另一方面提出培养新国民;一方面使学生具有利用天然界的能力,一方面谋人类共同的幸福。于是他大力倡导生利主义的职业教育,以实现"教学咸得其宜,则国家造就一生利人物,即得一生利人物之用。将见国无游民,民无废才,群需可济,个性可舒。然后辅以相当分利之法,则富可均而民自足矣"。

生活教育所提出的教学做合一、生活即教育、社会即学校、行是知之始、政富教合一的理念,就是要把社会的中心问题当成学校的中心问题,教人做工、求知识、管政治,教导乡下的阿斗做国家的主人,并认定:"乡下阿斗没有出头之先,我们休想出头。乡下阿斗没有享福之先,我们休想享福。我们若是赶在农民前面去出头享福,只此一念,便是变相的土豪劣绅。与农人共甘苦,共休戚,才能得到光明,探出出路。"

生活教育理论即是要倡导康健、劳动、科学、艺术、改造社会的教育,主张用教育的力量,来达民之情,顺民之意,把天理与人欲打成一片。生活即教育是要解放人类的,"要从成人的残酷里把儿童解放出来"。1936年,陶行知更明确提出"大学之道,在明大德,在新大众,在止于人民之幸福"。1944年,陶行知写文再次强调"止于大众之幸福",强调人民是我们的亲人,我们是人民的亲人,必须亲近,打成一片,并肩作战。"一切所教所学所探讨,为的都是人民的幸福"。

陶行知意识到,中国人民还没有受到过民主教育,所以他主张所有人都要来上民主第一课,主张学生要通过自治学习民主,呼吁创设民主的环境,发挥人的创造力。他指出,民主应用在教育上有三个要点——教育机会均等、宽容和了解、在民主生活中学民主,强调"专制生活中可以培养奴才和奴隶,但不能培养人做主人……只有民主才能解放大多数人的创造力,并且使最大多数人之创造力发挥到最高峰"。陶行知在《新华日报》上发文认为,民主政治下的教育应具备的条件是:天下为公,教育为公,不以教育为一党一派及任何小集团谋利益;尊师重道,不以侦探作教员,不使教员兼侦探;

使师生之间没有隔阂；使学生打开眼睛看事实；学生有阅读自由，讨论自由，批评自由；学校内团体生活，要有民主的组织使学生在民主生活中学习更进步之民主；动员广大民众，在真正民主的组织生活中学习真正的民主。他指出，思想统制与追求真理不能相容，统制的"结果不是思想统一而是思想消灭，统一于愚"。1939年3月10日，陶行知发表《评加强党化教育》，直言"党在民众间的行动与表现，就是一种教育，如果党员不'以身作则'，不以'人民之利害为利害'，不以'人民之视听为视听'，徒贪个人之私利，其所宣扬的党义教育，必适得其反"。那种以为教育权、教育机关紧握在党员手中就达到党化教育目的的想法就变成争权夺利！

胡锦涛同志多次强调：坚持为了人民、依靠人民，诚心诚意为人民谋利益。习近平总书记也多次强调，"让人民过上幸福的生活"。漠视人民幸福，就教育办教育已不能适应人民对教育的需求，不能使人民满意。坚持以人为本的切实路径就是将办教育向着人民的幸福瞄准。陶行知所开辟的道路需要我们今天坚定地走下去。

为什么必须取消高考加分[①]

2014年末，教育部发布《关于进一步减少和规范高考加分项目和分值的意见》，从2015年起将取消奥赛等六项全国性鼓励类加分项目，只保留"烈士子女""边疆、山区、牧区、少数民族聚居地区少数民族考生"等五类加分项目，并要求各省市不得擅自扩大全国性加分项目使用范围。此外，有关部门要对加分资格进行复核复测。涉及体育类特长生加分的考试，体育部门要按照二级运动员标准进行严格测试，确保加分资格真实可信。由此，中国高考将进入一个加分收缩阶段。

一、历史上的加分与照顾

中国在高考中真正有"加分照顾"含义的第一份文件是1950年5月26日教育部发出的《关于高等学校1950年暑期招考新生的规定》，明确提到"有三年以上工龄的产业工人、参加工作三年以上的革命干部及革命军人、兄弟民族学生、华侨学生得从宽录取"。

次年，基于当时工农青年和干部凭自身文化水平确实难以进入高校学习，而非工农干部达到相应的文化水平却进不了的两难，招生规定从宽录取的条件中增加了"非工农家庭出身，本人又非工农成分的干部，参加革命5年以上者"从宽录取的折中办法。

1954年教育部在高校招生文件中，首次提出"优先录取"的概念。次

[①] 原载《现代教育报》，2014-12-31。

年，由于生源数量不足，依高教部和教育部的招生规定，"对政治、健康条件合格，考试成绩稍低于录取标准的学生，学校有缺额时，可录取为试读生"。次年，再将高招优先录取对象增加了"烈士子女"和"香港、澳门学生"两类。

此后数年，政治标准越来越成为高校招生的首要考核内容。"大跃进"兴起的1958年，是开启高校招生只看政治标准的一年，也开了历史上从未有过的照顾大单，全国高校共招收新生26.6万人，不只对工农速成中学毕业生、工人、农民、工农干部和参加革命工作时间较久的老干部保送入学，对优秀高中毕业生也保送入学，大约16万人享受到了照顾。

"文革"前夕的1965年，阶级斗争的思想愈发高涨，这在当年的招考政策上有直接体现："在每一分数段里，首先要挑选政治条件好的学生。对政治思想好的应届高中毕业生中的工农和烈士子女及学生干部，不再采取推荐与考试相结合的办法，在他们的考试成绩与其他考生相近时，优先录取。"

"优先录取"的幅度对各种情况分量不一，依据大量实际案例，大都在降低10~20分的范围。这一时期照顾政策的显著特征，是采取各种途径大力提高工农成分学生在高校新生中的比例，对工农成分学生优先录取的力度越来越大。1950年大学新生中工农成分的学生仅占0.3%，1958年占55.28%，1964年上升至70.1%。

"文革"开始后的1966年，照顾政策更是凸现"坚持政治第一原则"，"贯彻执行党的阶级路线，对工人、贫下中农、革命干部、革命军人、革命烈士子女以及其他劳动人民的子女，凡是合乎条件的，应优先选拔升入高等学校。至于剥削阶级家庭出身的应届高中毕业生，一定要经过严格审查，对于那些在政治上确实表现好的，也允许挑选适当数量的人升入高等学校。在处理政治、学业、健康三者的关系上，必须重在政治表现，要在保证政治质量的前提下，结合学业和健康条件，择优录取"。

1970年开始招收工农兵学员事实上是一次大的系统性政策照顾，连续多年反复强调的是保证"工农及其子女享受教育的优先权"，对少数民族学生的文化程度、年龄、婚否等条件的要求可适当放宽。1970—1976年七年间，总计招收工农兵学员94.1万人，这一做法的整体结果是导致中国高等教育的质量大幅度下滑。

直到 1977 年邓小平恢复工作以后，在各方努力下，才重新恢复高考。10 月 12 日国务院批转教育部《关于 1977 年高等学校招生工作的意见》，连续七年的系统性照顾画上句号，但当年的招生意见仍然通过"注意招收"的方式，对特定的学生加以照顾，其中包括"医学院要注意招收表现好的赤脚医生，师范院校要注意招收表现好的民办教师，农业院校要注意招收表现好的农业科技积极分子"等等。

在 1980 年的招生文件中，首次提出"应届高中毕业生中连续两年被评为'三好'的学生以及工作积极、表现突出的学生干部，在与其他考生同等条件下优先录取"，成为"三好""优干"加分的起点。

而真正打开延续不断的、形式各样的照顾闸门的，是 1981 年的全国招生工作规定：一是文史类的语文、理工农医类的数学，出了计入总分的附加题，语文、数学成绩达不到起码要求的，降低一个分数段供学校选择；二是连续两年被评为"三好学生"者、表现突出的学生干部以及达到国家体育锻炼标准的考生，在同等条件下优先录取；三是部分高等学校举办少数民族学生预科班，降低分数录取，补习一年考试合格后，直接升入本科。此后，对报考农林、水利、矿业、石油、地质院校的考生，采取优先录取的政策。

1987 年 4 月 21 日，国家教委发布《普通高等学校招生暂行条例》，其中包含照顾的条款共十二条，包括三好学生、优秀学生干部、政治思想品德方面有突出事迹、科技发明创造、体育竞赛、少数民族考生、归侨、退役义务兵、烈士子女等。这个条例尚未以加分的方式出现，但它所规定的照顾项目是此后加分的主要依据，"适当降分"内涵为降 20 分以内，但各地在实际操作中常有超出。

1990 年 3 月，当时政策执行中的漏洞已经较多，国家教委发文："在执行《普通高等学校招生暂行条例》第三十六条的过程中，曾发现部分地区为追求升学率，频繁举办各种名目的运动会，甚至让学生轮流取得竞赛名次，严重破坏了这项政策的贯彻执行。为堵塞漏洞，各省、自治区、直辖市可根据各自的实际情况，制定必要的补充规定，并报我委高校学生司核准后施行。"1991 年，对于获省级以上劳动模范、先进工作者称号的青年，其成绩在一般本科、专科线下20分者，可由高校审查录取。此后直到2000年变化不大。

2001年后，不仅规定了降分投档的对象，还新出了加分政策，列入加分的对象有：（1）省级优秀学生；（2）高中阶段思想政治品德方面有突出事迹者；（3）高中阶段省级及以上科技发明创造奖获得者或全国中学生学科奥林匹克竞赛省赛区一等奖以上获得者；（4）高中阶段参加重大国际体育比赛或全国性体育比赛取得前六名、获国家二级运动员以上称号的考生（须出具参加比赛的原始成绩）。2004年后又将加分权下放到各省，引发加分制度愈发膨胀和混乱。

有学者将中国的加分政策分为优先录取（1950—1976）、降分录取（1977—2000）与加分录取（2001年后）三个阶段或三种方式，基本反映了几十年加分照顾政策发展的特征。

二、加分使公平失去依据

从上述60多年的政策文本中不难看出，照顾和加分的主要依据是一种价值取向，而且采取的是一种行政权力控制的方式。高考加分政策中相对客观的部分，又可分为鼓励性加分及扶持性加分两大类。鼓励性加分是为了促进学生发展，而扶持性加分主要是针对少数民族、烈士子女等特殊群体。

对加分政策争议的焦点，集中于加分是否偏离了学生素质的真实状况，加分是否损害教育公平。当初设立高考照顾和加分制度的初衷是为了促进公平，但所采取的方式是一种主观的公平，缺乏客观的依据和路径。由于加分权控制在行政部门手中，在行政权力难以有效监督的情况下，就衍生出大量腐败，对教育公平造成损害。

与加分政策相对应，高考中出现了不能享受任何加分的"裸考"族。2004年起，高招规定中进一步明确各地招生委员会拥有自己的空间，高考改革确定了权力下放的原则，最终目的是把招生自主权返还给各个高校。加分权力下放，客观上为各地自主设定高考加分名目放行，于是各地依据自己的需要设置各种加分项目，在缺乏专业监督的行政权力作用下，一些不合理或者容易被钻空子的加分项目出现了，直接冲击公平底线。

由于国家教育主管部门确定加分的只是一些原则性政策，而非可操作的规范，加分的范围和具体分值存在不严谨性，为权力入侵预留了空间。与考试操作简便，能够抵挡权力、金钱、人情关系等因素的干扰相比，几乎所有的加分政策都存在模糊空间。

在加分政策实施过程中，失去约束的权力总在无孔不入地侵蚀公平，一度高考加分者占各地"状元榜"一半，学校也为了有更高的录取率而进行"萝卜"加分的造假，辽宁本溪高考加分案中，"校领导会根据学生学习成绩的高低和与自己关系的亲疏远近分配这些办证资格"，表明光有钱还是加不了分，有一定权力者交钱才能加分。

对加分政策的争议主要集中于运动项目、省级三好学生（包括优秀学生干部）、见义勇为者等对象的高考加分政策上，理由是它们成为腐败的通道，在方式上违背"程序公平"原则，为少数行政权力掌控者所操纵，缺少公开透明度，损害社会公平、公正。

举例来看，2014年吉林省普通高校招生各类照顾加分考生17082人，少数民族学生占比96.6%，非少数民族加分考生582人，约占加分考生人数的3.4%。其中加5分的共459人，省级三好学生225人，约占非少数民族加分考生的38.7%；省级优秀团干部90人，约占非少数民族加分考生的15.5%；省级优秀学生干部62人，约占非少数民族加分考生的10.7%；三项共占64.9%。足见公众对这类加分影响公平的质疑并非没有依据。

当得益于政策加分的考生家长有较大比重为政府官员、事业单位领导与富豪，当享受加分的主要是那些考分较高的学生时，当加分的依据可以任意造假时，人们对加分政策损害教育公平的质疑就更加证据确凿了。

由此可见，问题的关键在于能否阻止操纵"加分"政策的黑手，能否将高考加分中正在发挥作用的特权转化为公权，能否将行政权力与专业权力进行公开透明的切割。这些特权和黑手，就是缺乏规范和约束的行政权力，阻止这类黑手和特权，要依靠规范而非简单的行政命令。

近些年来，加分年年被质疑，而又年年出问题，所出的问题还显得越来越离谱，正是灰色权力在加分环节不断膨胀，把加分逼到了墙角。在灰色权力得不到规范的情况下，加分的客观性缺乏基础，加分演变为引发不公平的陷阱。在灰色权力操控下，对加分问题的处理只是轻描淡写，从而进一步促进了灰色权力的滋长。在灰色权力操控下，高考加分项目越多就越不公平，反倒是越少就越接近公平。

三、减少加分为专业评价让路

60多年来，从有明确政治取向，甚至唯成分论的高校招生，走向以维护所有社会成员的公平、公正为目标的高校招生是大势所趋，逆这一趋势的任何做法都难以获得公众认可。

从原理上看，对一个学生的学业状况如何进行专业评价，不仅不能靠行政权力作判断，还应该尽可能清除行政权力在对学生进行专业评价过程中的干扰，减少加分是向这个方向迈出的一步。

高考招生制度归根结底是与人才培养相关的一项基本制度，有利于人才成长的各种方式都需要积极去探索，不利于人才成长发展的各种制度和政策都应坚决消除。要做到这一点，就必须将考试招生制度和各项政策定位为专业工作，不能主观臆想，不能少数人拍脑袋，不当的考评和加分都只会制造"伪善"。

从高校招生角度看，过去长时间的高考事实上属于招考公务员和事业单位职工的入门考试。但自从高等教育大众化和国家公务员考试制度建立后，高考的原有功能发生了重要变化，这成为它去政治化和去道德化的原因。奖励性加分与大学教育大众化的普适化诉求恰好相反，这成为加分需要去道德化的深层原因。

2015年减少加分项目、限制加分分数，事实上就是在行政权力无法得到有效监督的情况下，减小行政权力在加分过程中发挥作用的空间，也使得过去教育、科协、体育、外事、民委等部门和单位享有的加分权力大为缩减。

减少加分仅是解决高考公平这一系统性问题的一小部分，大思路是对现有高校招生制度进行综合改革，废除总分录取模式，让高考招生进入法制化和专业化的轨道，用专业权力规范不受约束的行政权力，减少加分又是这一大思路上关键的一步。

权力的监督机制不健全，运作过程不透明、不公开，任何一项加分政策都会沦为权钱交易的腐败通道，从而与初衷背道而驰，损害其他考生的正当权益乃至整个社会的公平正义。对于已经减少的加分，依然需要做到以下三点：

一是让加分与行政权力脱钩，完全交给第三方专业组织评定，落实这点需要政府主导的简政放权。

二是建立规范的加分公示制度，实现评价选拔过程的透明化、公开化。在阳光下制定可操作的规则，运行可监督的程序，接受加分的考生有责任公布考生本人及父母姓名、工作单位、职务等相关信息，接受公众的监督。相关信息的真实完整性，应作为接受加分的前提条件，做不到公开的就先别加分。

三是对身份型加分，要明确具体界定身份的条件，例如对少数民族的加分就应明确住所、母语、生活环境等条件；对残疾考生和英烈子女也应明确具体条件，以更好地体现公平。

从长远来看，应破除行政机构作为招生主体的模式，由高校作为主体通过一定程序遴选的专业团队，去全面评价申请进入该校的学生，才是高校招生的常态。

教育当延续历史负责未来

教育没有太多的季节性或年度性。或者说,教育的时间单位较大,古已有之的表述是"十年树木,百年树人"。以此观察我国教育改革和发展的趋势,就如同日出日落,周而复始,一切几乎都会照常地延续下去。

从长远看,古人就明确认为人生百年,立于幼学;当今人也常以百年大计,教育为本相鼓励。我们既不要把教育当作一年两年的事,也不应把教育当作仅仅与某个人几年后的中考、高考、就业相关的事,或者仅仅把教育当作自己为官一任的事,而应该当作与每一个人一辈子乃至盖棺定论相关的事。分别而言,对孩子实施什么样的教育刺激,会影响他的一辈子;教师怎样教孩子的每一个行为,都会将这个教师定格在特定的时空中,是他一辈子见证的组成部分;与教育相关的行政人员怎样办教育,并不只是你自己怎么说,也不是媒体怎么包装宣传就可以,而在于你真实地做了什么,它会刻在每个教育当事人的心中,印在每个教育当事人的体验里。

如果是以上述态度对待教育,未来的教育或许没有大起大落、大改大兴,相信会越来越好,越来越符合民众对教育的期待,专业性就会越来越强,品质就会越来越高;如果不是以上述态度对待教育,未来一年的教育就有更大的不可预测性,即便大变样,也未必是件好事。

站在人类几千年的教育史中间,每一个新年度的教育都应该是历史的延续,都应该是面向未来几千年对人类负责任的行为。

公民教育任重道远而又迫不及待

内蒙古集宁第一中学校长李一飞提出，应当在中小学加强公民常识教育，少讲些空洞的理论。

事实上，14岁以前的儿童尚不能建立真正的政治概念，对他们进行政治教育本身就违背了因材施教的原则，不只是没有多少效果，甚至会引发他们对政治产生厌烦和偏见。

从教育学的角度看，从幼儿园的孩子开始，应对他们进行如何与人相处，如何合作，如何与他人分享，如何遵守规则，如何为自己的行为承担责任的教育。因此，从1902年中国就开始在小学设置修身课，从修己、保身、待人、处世四个方面培养合格的社会人。这一课程内容设置合理，逻辑分明，符合一般人的思维习惯，便于儿童接受。

1912年颁布的《中华民国临时约法》以国家大法的形式规定了"主权在民"的原则。教育界人士认识到，为建成"共和立宪之国"，"非实施公民教育不可"。南京临时政府教育总长蔡元培在民国元年（1912年）发表的《关于教育方针之意见》一文中阐发了"公民道德"教育的理念，指出了传统修身教育的不足。当时编纂的教科书也适当收入了有关"国家""主权"等近代常识，现代"公民"观念开始普及。

1916年1月，教育部公布《国民学校令实施细则》，规定修身科加授"公民须知"。这是公民知识进入学校课程之始。1917年1月，中华书局和商务印书馆分别出版《公民读本》与"共和国教科书"中的《公民须知》两种公民教科书。这是最早的公民教科书。

1923年6月，《新学制小学课程纲要》公布，"公民"作为一门独立科目进入课程体系。地方学校基本增设公民科，原有的修身内容基本被公民教育替代。公民教育迅速在小学校中占据了重要位置。

1927 年，国民革命军北伐胜利，国民政府试图将在广东实行的"党化教育"推行全国，在学校开设"党义"课。由于遭到教育乃至政界有识之士的批评，于是，1928 年 5 月第一次全国教育会议议决取消"党化教育"，改用"三民主义教育"，同时决定以"三民主义"为教育宗旨，在学校开设三民主义教育课。

1928 年后，从"公民"到"党义"，再到"三民主义"，公民教育受到打击，几乎完全消沉下去。其间，1932 年，教育部公布正式的《小学课程标准》，"党义科"不再特别设立，其内容融于国语、社会和自然各科，而代之以"重在平时的个别训练"的"公民训练"科，算是恢复了公民科目。这种设置基本延续到了 1949 年。只是重视日常行为起居等规范的"公民训练"，与着重讲授现代公民权利和社会意识的"公民课程"已经不可同日而语。当时公民课本多种多样，"养成健全的公民资格"一直是公民课的基本目标。党义教育渗入后，公民教育变成教育之一种门类、政党规训民众的工具，这正是中国公民教育转向衰落的根源。

1949 年后，中国大陆的教育体系中没有专门的公民教育设置，在学校中开设政治课则一直延续下来。1999 年实行课程改革后，中学政治教材在内容上有所改进，但公民教育的基本理念并未完全贯穿其中。

事实上，公民课里包含着与学生最为切身的政治，尤其是让学生从小就能意识到自己的权利和义务，并通过真正的学生自治，培养公民的意识和能力。这是建立理性和良好社会秩序的基础。因此，《规划纲要》不到 3 万字的文本中，就有 5 次出现"公民"一词，分别是：强调"保障公民依法享有受教育的权利"，"保障公民依法享有接受良好教育的机会"，"加强公民意识教育，树立社会主义民主法治、自由平等、公平正义理念，培养社会主义合格公民"，"促进师生员工提高法律素质和公民意识，自觉知法守法，遵守公共生活秩序，做遵纪守法的楷模"。

中共十八大报告提出："倡导富强、民主、文明、和谐，倡导自由、平等、公正、法治，倡导爱国、敬业、诚信、友善，积极培育社会主义核心价值观。"这本身也是对公民价值的一种阐释,同样需要公民教育加以落实。

从历史和中国社会当下发展的现实可见,公民教育是必要的,开展公民教育任重道远而又迫不及待。

信仰是现代教育的精髓

一说到现代教育，不少人就联想到信息化、现代教学技术、先进的设施、豪华的校舍……这些至多是现代教育的下位特征；或许还有人想到先进的办学理念、人性化管理、个性化评价……这些也仅是现代教育的躯体部分。事实上，很多人长期以来对现代教育的精髓无视、忽视、遮掩，或避而不谈。

何为现代教育的精髓？从以人为本的教育理念出发，人的精髓就应当是现代教育的精髓，而人的精髓是信仰。事实上，信仰是中国人当下与未来发展遇到的一个极为严重的问题。

简言之，信仰就是一个人内心信服和仰慕的存在。当一个人内心没有这种存在时，他就是一个没有信仰的人。而随着人类自身与社会的发展，信仰不仅是个体性的内心存在，它也会外化为有形的存在，形成社会性的共识和文化，这种共识与文化又会影响到新生的社会个体，于是，信仰又成为一种久远的历史存在。

信仰问题关乎个人精神、社会价值，是中国复杂格局的根。没有信仰，就没有现实生活的秩序。人有了信仰，才能生成每个人内心的规则，在此基础上，才能建立起对社会、国家、政府以及其他个人的信任，这是社会形成稳定秩序的基础。有了这个基础，才能建立每个人都需要的稳定的公共秩序。

良好的公共秩序是公民的共同福祉。而坚守这样的秩序才能保护我们的信仰，所以人们一方面要建立真诚的信仰，另一方面又需要不断提高秩序的质量，做到人人信守秩序、维护规则。在社会转型的时候，信仰和秩序最可能出问题。有信仰与无信仰的人相比较,其生活状态是不一样的,尤其是在对待生命、财富、地位等方面的态度是不同的,这些不同就会引发一系列的社会问题。

没有自己的信仰,就会导致自我泛滥,缺少约束,什么事都敢干;没有共同的信仰,就会缺少相对统一的精神支柱。由于没有信仰,人们就没有统一规范的道德意识和对真理的共识;由于没有信仰,每个人只相信自己,每个人都按自己的意志去做,就会与他人发生冲突与矛盾,出现一人成龙、三人成虫的现象;由于没有信仰,每个人都有自己做事的道理,导致人们在各个行业和生活领域没有相通的意识,难以形成共同的生活目标,短期、功利行为普遍。

有信仰的人才有规则。没有信仰的人内心没有规则,外部的规则也很难在他心中扎根或找到衔接点,行为就会变得肆无忌惮。

由于缺乏信仰,人就没有罪恶感,只要犯罪不被别人知道就自以为是无罪,这种意识导致现实中不少人一步步走进犯罪的深渊,无法自拔。如整个社会依法处罚,却又因法不责众而难以实行,真是后患无穷,对社会、对普通人的伤害都极为严重。没有信仰还导致人们在出现内部矛盾分歧时,人性中的残忍和冷漠便显露无遗。

信仰就是人的心灵导航。信仰的最初意义是给人一条道路,给人一个方向,给人一种规范。只有当一个人有比较纯真深刻的信仰时,心灵才有方向。对于一般的俗人,不能指望信仰发挥心灵导引的作用,因为他或许是个行尸走肉。

正因为如此,现代教育不应回避健全人格所必需的信仰养成,而应将信仰建立在科学基础之上,这种信仰与是否有组织、是否有仪式、是否要言语表达没有太大关系,它是一种内心的存在。

科学要探求真理、规律。从语义学的角度看,规律由规则、秩序演变而来。社会生活中存在着规则,人们依秩序生活。而当人们观察自然的时候,发现自然也有类似规则、秩序一样的东西,于是称这种东西为规律。社会是人的社会,有规则;自然是万物的自然,有规律。长期遵守这些规则就会成为一种信仰。也就是说信仰与科学之间存在一致性,科学和信仰并不一定是相互冲突、相互抵触、不可调和的。

当下，物质生活水平提高了，人们反而变得困惑迷茫了。在这种情况下，有信仰的人与无信仰的人会形成截然不同的态度。那些没有真正信仰的人必然道德滑坡，价值观混乱；真正有信仰的人则处变不惊，不会因为环境、财产、地位而改变自己的信仰和行事规则。比如腐败问题，惩治腐败很难根除腐败，根本的办法还是要从文化入手，在人的内心建立真信仰。

未来，重建信仰已经成为中国人的必然选择。在这方面，我们首先要明确，重建不是要把传统的东西全部推倒重来，而是要依据信仰生成的基本原理，充分利用人类的信仰资源，在新的时代环境中重新提炼和发展，每个人都要形成属于自己的信仰。坚持信仰的自由、自主、自觉应该成为一条重要原则，在珍视祖先传下的信仰资源的同时，需要以更加包容、自信的胸怀与世界共同分享人类优秀的信仰资源。

要防止信仰造假，就必须把信仰与功利进行适当切割。如果做不到这点，信仰造假现象就无法得到彻底清除。把信仰当作信仰，不把信仰当工具，应该成为需要注意的重要问题。作为工具的信仰本身就不是信仰。真信仰就必然是统率人的精神的。

长期以来，把信仰当成强求一律的东西，把信仰当成某些事的必要前提，客观上助长了信仰造假。实质上这又涉及信仰教育应该如何进行的问题。简而言之，还是要坚持自由、自主、自觉原则，不能把信仰当纪律。信仰教育也需要以公民品德为基础，倡导平等待人，与人为善，学会分享，为人服务。

让学生在自由、自主、自觉基础上成长为有真实信仰的健全的人，不以功利、虚伪之心对待自己的信仰，这是中国现代教育必须追求的一个目标。

专业考核严格与否是招生公平的关键

2015年,清华大学、北京大学、北京师范大学和北京航空航天大学公布了各自针对农村考生的招生计划,四校给出的录取优惠,从降30分到降至一本线录取不等,清华最多降65分,引发一些人对这一举措的公平性的追问,追问本身无疑意味着社会的进步。

可以参考的是,世界上顶尖的哈佛大学2004年开始采取卓越教育多样性措施,招收低收入家庭子女。经过该校招生团队考核可招录的低收入家庭学生(2004年定为年收入低于40000美元,后提高为50000美元),不必为就读于哈佛支付一分钱的学费。由此实现哈佛学生多种族、多元文化、多种社会经济背景、多地区的目标,在哈佛半数以上的新生来自家庭年收入12.5万美元以上的家庭的大背景下,一年中就要录取22%的贫困生(360人),显然这一措施是有利于教育公平的。

在世界各地,进入前沿大学学习的生源都不完全是由学生的智力和努力程度决定的,家庭的文化资本和社会资源会在不同程度上发挥作用。中国经历三十多年的考试招生,事实上家庭的经济条件和文化资本已经最大限度调动起来,在学生从小学到大学的各级考试中所发挥的作用已经达到极致,本身已构成了现有条件下的不公平。此时需要加入校正因子,特招计划就是这样的校正因子。

这一校正能否有利于公平,取决于两个方面:一是从宏观上,从现有的城乡以及不同区域的教育差距看,这些校正还不足以拉平差距,重点高校录取农村生源的比例还远低于农村生源占全体考生的比例,还需要更多的校正;二是从微观角度看,所招到的人是不是享受特招区域最适当的人选,是否让不该享受政策的人搭了车，损害了有权享受这一政策优惠的其他人的权利，在这方面则很有可能造成新的公平问题。

解决这一问题的唯一途径就是各校对特招考生进行严格的专业考核，使"特招"从依据权力特招转变为依据专业的评价特招，各个环节严格把关，公开透明，尤其是在生源选择的初始环节，需要在生源所在班级和学校公示，在同学中有异议的就不应进入此后的环节。

在特招过程中，降多少分成为公众对其公平关注的焦点，对此不作解释，或不能作出合理的解释都可能产生新的公平问题。因此，专业评价对于农村学生特招还有更为广义的价值，也就是仅仅依据考试分数招生是过于简单的招生，加总分的招生模式本身也是不专业的，将不同科目的考试分数简单相加就如同两只鸡加三头牛得出一个数字五，既违背数学原理，也难以说明什么问题。唯有通过专业评价，才能分清考分中的个人智力、个人勤奋与家庭文化资本、家庭经济和社会资本在一个人成长发展中的不同作用，由此找到细化和深化公平的现实路径。世界各国将一个人的学业成绩依据他所处的学习条件进行评价已成为通用的准则，在中国还不能在实践中做到这点的时候，至少可以将其作为城乡不等分录取的理论依据。

进一步说，作为政府政策导向安排的农村学生特招计划，要想保住公平底线，避免用一种不公的政策去弥补前一种不公政策出现的漏洞，未来的发展方向也只能是朝着专业化方向发展。比如有很多农村户口的学生在城里的重点高中就读，但因为他们有了农村户口而享受低分录取依然是不公平的。解决这类问题依然只能像哈佛大学那样，建立对所有人一致的专业评价，丢掉不够专业的分数拐杖，依据严格、规范的专业评价建立教育公平的牢固基础。

加分应在"阳光"后

辽宁本溪高考加分事件引发关注。新华社的调查显示，当地有班主任向家长"兜售"办证，"办证方面，足球便宜，4万多，游泳贵，7万到8万，给负责裁判和比赛程序的人"。同时河南漯河一中学加分人数占到全省10%，也引发质疑。

在舆论一片质疑声中，辽宁省教育厅、体育局、监察厅下发通知，要求各学校组织拥有加分的高考体优生填写《诚信承诺书》或《考生自愿放弃体优生加分资格申请书》，让考生自证真伪。

这是一个很让人不可思议的做法，加分如果存在弄虚作假，显然不仅是学生个人的问题，背后可能涉及学校、加分管理部门等各方，所以必须由教育乃至司法部门介入调查，让学生"自证清白"所为何来？

媒体已经报道了大量涉嫌腐败的线索，当地理应跟踪调查是否存在权钱交易等违法行为。如果花钱买证加分的事实无误，这就是一个法治问题，而不是一个"自证清白"的道德诚信问题，必须严格按照司法程序进行调查，才能给其他考生和公众一个公正的交代。

同样诡异的是，据新华社报道，当地此前还组织了对87名加分考生的复检，但这场复检的时间、地点、参与人数、组织部门、测试标准，外界统统不知道。联系起来看，当地对加分事件的暧昧态度耐人寻味，不知道是在装糊涂还是遮掩什么。在媒体关注、舆论质疑的风口浪尖上，当地还能如此"神秘"地对待高考加分，此前加分的公信可见一斑。

平心而论，这些年来对高考加分的质疑很多，相关制度也一直在改进，如果完全按照制度加分，加分问题不会如此引发人们的公平焦虑。关键的问题还是灰色权力得不到规范，结果原本是为了弥补公平缺陷的高考加分，反而进入了公平陷阱。

这一次辽宁加分事件被曝光，主要是因为当地家长的质疑和举报。如果当地此前的操作公开透明，把所有高考生的加分信息，在学校和家长中间公示，并提供对可能弄虚作假的举报通道，根本就不会出现如今的局面。但反过来看，拒绝阳光的地方往往都是为了掩盖灰色的腐败。

要彻底杜绝加分腐败现象，解决问题的大思路是对现有高校招生制度进行综合改革，废除高考总分录取的模式，如果能给高校完全的自主招生权，那考生的才艺具体值多少分，高校自己会作评估。然而，这个大思路可能远水救不了近火。现在可以做的，还是进一步让高考加分透明化，对高考加分可能存在的腐败零容忍。不能让灰色权力进一步蚕食公信本就岌岌可危的高考加分制度。

淡化分数后，高校凭什么招生

教育部为落实《国务院关于深化考试招生制度改革的实施意见》，发布了《关于普通高中学业水平考试的实施意见》和《关于加强和改进普通高中学生综合素质评价的意见》，从而形成了"两依据一参考"的制度框架。两份"意见"让公众更清晰地看到了高考招生制度改革的眉目。

在这种框架和方式里，计入高校招生录取总成绩的学业水平考试三个科目成绩以等级呈现，并按考生比例来划分等级；其他科目一般以"合格、不合格"呈现，一向被称为学生的命根的"分"价值下跌了，"分分计较"的局面可能被淡化。

与此相对应的是，高校招生过程中需要对学生加以辨别，在考试分数价值下降后，高校凭什么招生呢？这成为决定这次改变能否真正可行的关键问题。

参照世界各国招生的例子，大多数卓越的高校通过专业的团队对学生的社会活动能力和业绩，对学生是否有使命感和领袖力等个人特质进行专业测试。

在中国，如果没有专业的测试，公众最大的担心是分数价值降低后模糊了选择依据，灰色权力从中浑水摸鱼。这种担心不能说没有理由，淡化分分计较的理念本身没错，但需要有更专业更有说服力的替代措施说明这种选择不损害公平，又更加适合学生的天性，还能关照到不同考生的切身利益。

对此，现有方案可能将过高期望放在根据人群比例来划分学生上，同时又设计了二次考试中选成绩较好的。实施的结果可能是：某名学生在第一次考试中成绩是 B 或 C。当他选择第二次考试时可能考进 A 或 B，第一次获得 A 的人为了不让别人挤进 A 分享自己已获得的机会,有可能被逼参加第二次考试以阻止别人获得 A,依然会引发恶性竞争,甚至导致几乎所有考生都被迫选择考两次。对此,应有具体的应对措施。

要想真正淡化"分分计较",关键在于不可用统一标准,要认识到学生的多样性与学校招生需求的多样性。扩大学生与高校的自主选择空间,建立第三方专业评价的同时,也要建立学校的专业招生团队,这样才能个性化地解决这一复杂问题。

取消百分制、实行等级制依然没有摆脱"用一个标准衡量万千"的思维。要看到,那仅是将厘米换成市寸,不会带来多大的实质性变化。

在现有构架里,有两次考试机会,只要当录取学生的高校发现有一轮靠不住的时候,就会私下选择其中一轮而放弃另一轮。一旦众多高校都有这种倾向的时候,这种评价方式就会倾斜,乃至最终会倾翻。

考试招生制度改革迈出了可喜的一步,但如何走出更坚实的一步,预防可能发生的负面影响,这对具体的政策设计而言是一种考验。

从"正能量"流行看国民科学素养[①]

2013年,由国家语言资源监测与研究中心、商务印书馆等单位联合举办的"汉语盘点"揭晓,"正能量"当选国内年度词。

查查规范的词典,并没有"正能量"一词。事实上,这些年"正能量"这个生造出来的词因被一些有影响力的人使用,也确实热得很。这种"热"倒是显示出国人人云亦云,缺乏理性。

一个使用不规范的词如此流行,政府的语言文字管理部门本身应当想办法去规范,如今反而以语言资源监测与研究的名义对这个词推波助澜。

更为不明智的是,"正能量"本身就是个看似有道理,其实违背科学原理的词。

有人生拉硬扯说"正能量"是物理学名词,出自英国物理学家保罗·狄拉克所著的《量子力学原理》。查阅狄拉克原著(科学出版社1965年版),他的原文表述显示狄拉克本人也不认为有"正能量"和"负能量"存在,而仅是作为一种理论假设在推理中使用。

还有人将"正能量"说成心理学名词,有鼻子有眼地说该词流行源于英国心理学家理查德·怀斯曼的专著《正能量》(湖南文艺出版社2012年版)。不妨看看他的原著所使用的书名是什么:Rip it Up: The Radically New Approach to Changing Your Life。依据规范的翻译,该书名怎么也不可能译成"正能量","正能量"恰是中国翻译者为迎合世俗所使用的词,并非原作者用词。

[①] 原载于《中国科学报》,2014-01-13。

再看其他解释，"'正能量'指的是一种健康乐观、积极向上的动力和情感"，"将人体比作一个能量场，通过激发内在潜能，可以使人表现出一个新的自我，从而更加自信、更加充满活力"。这一说法所犯的错误在于，人体不需要"比作"，它本身就是一个能量场，但它的内涵不是上述解释中所说的态度和情感，而是一种生物能量，它本身也不存在正负。

还有一种说法认为"正能量"是一个社会名词，是"所有积极的、健康的、催人奋进的、给人力量的、充满希望的人和事，它已经上升成为一个充满象征意义的符号，与我们的情感深深相系，表达着我们的渴望，我们的期待"。正能量既可以是一种处事或处世的心态，亦可以是处事或处世的方法。只要是为着好的结果、好的方向，有益于公众、集体利益的行为，都是有正能量的行为。

这样解释的问题更大，不只是这个词的内涵和外延是模糊不清的，没有确定性，致命的问题是它所依据的逻辑。

在社会上使用"正能量"和"负能量"的终极理论依据事实上是对立和斗争哲学，而非和谐包容，把人分为三六九等而非认为人人平等，把与自己观念和做法相同的人列为正能量，反之则列为负能量。认为实现理想社会和完美生活的方式就是消除异己、消除"负能量"，而非不同人协商后共同努力，这样简单的逻辑在过去已给中国社会造成极大伤害。现在沿用这种逻辑的变形采用"正能量"表达出来，只能显示出使用者心胸的浅狭，不能包容，不能把自己放在与别人平等的位置。如此也不可能实现真正的社会和谐。

依据那些热捧"正能量"一词的人的逻辑，这个社会上只能要求人乐观、向上，不能有悲观、低沉，而不是让每个人依据自己的体验自然地显现出喜怒哀乐。片面认为宣传清正廉明的人才是"正能量"，揭露贪污腐败就不是"正能量"。或认为制止谣言传播是"正能量"，保障民众的知情权和怀疑权就不是"正能量"。这类片面观点只会使"正能量"这个词成为社会的分化器，分出一拨一拨的对立面，不断产生"假想敌"，这种行为又何尝不是消耗社会资源的"负能量"？

在使用"正能量"一词时，最为关键的是"零点"是什么，谁是主体，尺度是什么，在这几点不能明了的时候，就只能助长一些人自以为是，就不能胡乱使用这个词。简单地用光鲜掩盖黑暗只会使黑暗更加黑暗，以致贻害无穷。

事实上，每个人在正常的社会里都具有能量，他的能量对社会起什么样的作用既决定于他自己，又决定于社会为他提供了什么样的机会。建设一个理想社会最为有效的方式，就是为每个个性特点各不相同的人创造适合他的能量发挥作用的机会，如果没有做到这点，政府就要在改善管理上下功夫，少些走过场的"假、大、空"，让"公平、公正、公开"的阳光更加灿烂，而不宜人为划分正、负能量。

简言之，"正能量"这个违背科学原理和基本常识的词，被一股无形的力量控制并成为年度词，把本就不存在正负的能量强行划分为正负，不只显示出该词的提出和使用者、热捧者的霸道，也显示出国民缺少基本的科学素养，缺少基本的逻辑，缺少基本的理性，缺少独立思考和自主判断能力，人云亦云，牵强附会。希望这种现象能止于智者。

保护未成年人应成为汽车文明的重要内容

《上海市未成年人保护条例》近十年来做过两次修改,最近一次的修改重点放在未成年人乘车安全上。这些内容的修改有鉴于近年多起与未成年人乘车相关的事件,且是家庭用车在上海日益增多、学校用车管理尚不规范的情况下出台的,体现了有针对性地提升未成年人保护水平,更好地保护未成年人的合法权益,营造未成年人健康成长的良好环境的立法意图。但是,公众更关切的不仅仅是文字上的表述。

该条例仅提到:"家庭其他成年人有协助未成年人的父母或者其他监护人教育、保护未成年人的责任。"从文本上还看不清谁是执法主体,对违反该条例的责任人的责任如何分清,分清以后又该如何处罚。在这两项不明了的时候,就意味着即便有人违反也无人追究责任,更何况未成年人的监护人是那么大数量的人群,执法工作量是巨大的。从这个意义上说条例的这些规定还只能处于倡导理念的层面而已。

当然,作为一种理念,也有它的积极价值。任何一位未成年人的监护人都不希望事故出在自己的孩子身上,一些保护孩子的理念是易于被家长接受并照规定去做的。但任何规定本身就意味着有违反规定的情况存在。比如,有些家长就认为不这样做也无大碍,或自信自己的车技比较高,不会出事的。再比如,由于前排座位视野开阔,充满好奇心的孩子总是乐于坐前排副驾驶座位,如果遭到成年人阻止就会发生连续不断的矛盾;如果成年人阻止不成,孩子依旧坐在前排,又该处罚谁,如何处罚?

即便作为一种理念,它的积极价值真正得到发挥的前提是该条例的宣传普及到位;若仅是相关立法机构走了程序,执法机构不着力推行,公众知晓面不广,那就依然像现今众多的法律文本那样,仅仅是聋子耳朵而已。假若认为强化了监护人的看护职责,政府就可轻松一点,一旦发生事故,有关部门拿出文本来说,我们已经有条例了,待追究责任时,制定条例的一方说我没有责任了,交管部门作为执法主体,他们会说这是监护人的责任,那么与原来没有修改的条例相比,除了最终受到伤害的依然是孩子和他们的亲人,监护人更悲催的是还要多承担一个违反条例的责任。这样的过程和结果如果发生,不但没给受害人带来益处,反倒增加了他们的悲痛,这与立法的真实意图并不吻合。

任何法律文本都仅是保护未成年人的一道防线,我们不能期望它完全消除未成年人身边所有的安全隐患。所以,不能认为修改了相关条例就万事大吉了。包括监护人在内,政府、社会、学校、汽车制造业、交通管理部门、质量监督部门等共同行动,消除任何一种可能威胁未成年人的隐患,这才是全社会应该共同努力的目标。

随着车辆在日常生活中作用的增大,需要修改的不只是条例本身,还需要在全民中修改各方的责任意识,全面认识到汽车文化所带来的利弊,不漏掉一个威胁未成年人的安全隐患。

打通千门万径破解"就业难"

每年的毕业季,高校毕业生都面临着就业的烦恼。

如何破解就业难?我们要先深入分析当下就业难的原因。

数据显示,在中国有76.5%的大学生愿意考公务员,而在美国仅3%,在法国是5.3%,在新加坡只有2%。数据还显示,每年正常被辞退的公务员占总数的比例为0.05%左右,而一般正常企业的淘汰率在5%到15%之间。这确实是中国差序就业状况的一种典型反映。

实际上,从当公务员到进事业单位、国有企业,从留北上广到下基层、小微企业或自主创业,各种就业渠道的门槛高低各不相同,就业回报、发展前景也大相径庭。而门槛越高的机会越少、进入越难,获益却越多,因而家长和毕业生都趋之若鹜,形成典型的倒金字塔型差序就业选择环境。

所以,一些学生和家长的就业观,也就逐渐陷入一种误区,显得有点急功近利和短视。他们仅看到当下的就业结果,而很少去关注个人长期的成长和发展机遇。因而一叶障目,只盯着自己相中的机会,"除却巫山不是云",宁可不就业,也不再去考虑其他形式的就业机会或职位。

正是这种倒金字塔型的多层差序就业选择环境,以及一定的就业观念误区,加剧了"最难就业季"的形成。理论上即使有很多就业机会,而实际失业率还是会居高不下。

因此,破解就业难题的当务之急,是政府应把重点放在建立公平公开、机会均等、回报相当的整体就业环境上。要尽可能去拆除各种现存的就业壁垒,缩小各种就业机会之间的差距,让各种就业机会之间的起点更为平等,避免年龄、性别、学校、学历、区域、生源地歧视。还要为到基层、小微企业或自主创业的人提供更多便利或支持，让人感到自主创业、到基层小城市去工作并不会比当公务员有太大差别。同时，企事业也应严格依据岗位需求，选择能力相符的就业对象，不能招个清洁工也要求硕士毕业。

这样从多方面去切实保障就业者的合法权益，才能彻底打通千门万径，实现就业机会的可持续和各行业的平衡增长。从长期看，高校也应该把招生作为学校就业工作的起点，充分了解社会需求，调整好自己的专业设计，在教学过程中就要培养学生的创业能力。

其实，就业难是个常态，存在多年积累的延续性。僧多粥少，工作职位不够充足，是现当代社会的一个必然。通常，在就业机会减少的态势下，社会要求政府包揽一切的倾向也会抬头。但在市场经济环境下，工作机会和整体的经济发展环境息息相关，只能主要去依靠市场自由调节。政府和高校，不应只盯着就业率数据，仅仅立足于解决当下一年两年的问题，而直接利用行政权力或公共资源去安排学生就业。

史上大量的前车之鉴也表明，政府若不是去立足于创设公平、开放的就业环境，而是直接插手就业，强制用人单位接收就业者，其结果一定是拔苗助长，使就业情形更糟。

值此就业困难之际，我们必须实事求是，遵从规律，扩大自由开放的就业市场，从国家的长远利益和整体利益出发，推进政府管理体制改革，放松市场管制，让创造力尽情迸发，让创新者尽可能不受到阻碍，就业的千门万径便会逐渐洞开，就业难才不会成为一个长期难解的"顽症"。

政府还可以从更大范围去打破行业垄断，建立更有法治保障的市场经济，增强市场的内向自由、开放程度，这是大幅提高人力资源需求的关键，也是增加就业机会的一个关键。中央政府作出的取消和下放行政审批项目的决定正是朝着这个方向努力，然而这是一项长期的工作，还需要持续发力。

每段经历都是一种财富

假期与学期相对而设，可以相得益彰。若在假期还过学期那样从教室到寝室的单调生活，必然是阻碍一个人的正常成长，甚至扼杀人的创造力。

寒假片段之一：发掘生活中的创意和灵动

求知和创造并非都在课堂和书斋里，它可以潜存在生活中的每一个方面，虽然仅有这些方面的求知和创造不足以成为有用之才，但失去它同样十分可惜。

在我的寒假记忆中，和邻居伙伴一起玩耍便是一项重要的内容。活动中，我们各自携带自己喜爱的、善于使用的或各自制造的道具，如棍子、弹弓、钩子等，就如同操不同器具的诸神。活动时间久了，小伙伴群体里也就形成了约定俗成的不太严格的分工和纪律，其中就自然有决策与指挥，权力与责任，赞成与反对，讨论与协商。小孩能结伴，主要是因为一个人玩实在没劲，大家在一起才玩得快活，而且几个人在一起比一个人单独玩胆子和力量都大得多，每个人都可以发挥各自的长处。

我们玩得次数最多的是到各家去串门和上山"打游击"。我们会拎着自制的枪，那时候的玩具几乎全是自己动手制作的，因此也特别爱惜。带着这些"武器"去爬山、过河、钻林，有时在草丛里埋伏起来，用嘴吹着冲锋号，"冲啊、打啊"地如猛虎下山；时而坐下来开会讨论下一步计划，偶尔也与邻村的"游击队"发生冲突，此时我们都表现得十分坚强不屈，不背叛伙伴，不怕牺牲自己去保卫伙伴。天长日久，曾与我们发生冲突的"游击队"也成了我们的朋友，真是不打不成交。"打游击"更要求大家有严密的组织纪律性，要服从命令听指挥，并且要英勇顽强，这种活动在这些方面给我们较好的锤炼，还锤炼了我灵活机动思考问题的能力。一旦违背了命令和指挥被罚时，不仅没有反抗的言行和表示，反而还会自责。

  寒假必有的活动是去外婆家拜年，那也是一个玩得非常愉快的地方，表兄弟姐妹们和外婆家的其他亲戚都要来，因此总是热闹非凡。外婆家吸引我的还有那些好吃的东西，现在还能记得起来的有蒸板栗、豆腐乳、腐豆、腌刀豆、炒红苞花……这些都是外婆的绝手活，比别人家做出来的都要好吃。舅舅做了许多小巧的竹筒子，专门给我们装食物，它的一个最大优点就是掉到地上打不碎，而我们拿碗就经常掉到地上摔碎了。

寒假片段之二：痴迷地读书

  寒假里，也并非不摸书，只有当你对某本书入迷的时候，你才能高效地读它，用它。如果你既讨厌书又想从书中得到好处，你的努力不免是徒劳的。

  自从我抓周抓着笔的事儿常被大人们说起时，我便对书产生了一种神秘感。大约到了三年级的时候，我就开始利用假期啃大本的书了。我读的第一本大书是《闪闪的红星》，我大约用了一个月的时间才把它从头到尾、逐字逐句地看完。读的过程中，我便深深地被里面的情节吸引了，白天看了晚上再在油灯下看，直到妈妈催过好几次，我才肯熄灯睡觉。做梦时常常梦见书中所描述的情景，便高声叫喊着，待父亲把我叫醒，问我出了什么事，我才知道自己在做梦。

  看完第一本书后就一发不可收了，我开始把注意力放在小人书和小说上，凡能找到的我都看，如《红岩》《欧阳海》《上甘岭》《钢铁是怎样炼成的》《林海雪原》等，还有一些反应知青下乡生活的书，不久竟看起了竖排繁体的《封神榜》等所谓的古书。学校图书室不算大，大约看了一年，就把所有的书都看过一遍，尽管有些书不好看。

  我的家乡是爆竹之乡，几乎家家做鞭炮，尤其是年关前后每个月都有几汽车爆竹从我们家门口运走，又有几辆载着书的车在这里卸车，我们便夹在中间帮着卸车装车，人家就会给我们几本书，这是我求之不得的，因为这些书都是从南京、上海、武汉各个大学图书馆里处理出来的。有许多还是线装的大部头，盖有各大学图书馆的章，它们向我展示出一个广阔的世界，我开始不分深浅难易，天文地理、文艺哲学、政治经济，凡有书到手就看。或许也是从那时起，我便养成了一种看书不背书的习惯，所以许多书我看过，我都记不起名字了，但只要一拿到手，就能知道我是否看过。

因为我喜欢看书，妈妈常说我成了书呆子，有时她要找些事给我干，有时她找些事教训我一通，这时我便一声不吭地溜到奶奶房里。奶奶一般都坐在房里纺线，她不骂我，却找些话茬来惹我发笑。她还能打许多谜语，背许多歌谣，也能看书。她桌上还放了一套四卷本竖排的《毛泽东选集》，虽然我不能全看懂，但我还是逐字逐句往下念，也能理解其中的某些意思。每次看一点，看到什么地方离开时就折起来，下次接着看。就这样大约用了两年多的时间，我把整个四卷本的《毛泽东选集》全读通了，虽然其中许多处没读懂，可这确实是我小时候读的最厚的一套书。

这段读书的经历让我觉得，与锤子铁锹一样，书永远是工具，当你迷上它时，最多只能把它当成心爱的工具。运用得当，它将助你成功，运用不当，则会致你灭亡。

寒假片段之三：享受自由结伴的快乐

以填鸭的方式向孩子灌输的东西，他们一般也都能接受；而一旦孩子们学会了思考，他就会把所有灌进去的东西吐出来重新鉴别。

"批判"这个词，在我孩提时代出现的频率较高，到处可见到批判栏及"批判"字样的标语，批判会到处充满了批判味儿，报纸上天天有批判性文章……所以，参与有关批判的活动成了一种时髦。寒假也是我们这个小批判队活跃的时候，但现在回想起来，真正的"批判"太少了。

我们的小批判队完全是自己组织起来的，成员大都是我同校而不同年级的同学，任务就是写批判文章，出批判专栏，开批判会。墨汁和纸张由各个人出钱凑起来统一购买，限定两天内交稿，第三天集中誊稿。常常已是夜深人静了，大家才打着葵花秸秆做的火把，相互关照着回家去了。

虽然放假了，我们还是隔三差五在小学里开会，参会的大多是我们初中和小学的同学，上面派来的工作组的人也一道来参加我们的会，人还越来越多了，争论得却没有原先激烈，工作组的人对我们的主动大加赞扬，提议我们订立学习制度，产生组织领导，积极参加到火热的大批判运动中去。每次开会讨论时特别热闹，大家把所能想到的都说出来；而说了听了以后又思考，这种争论是无休止的，有时大家争论到深夜一两点，吵得住校的某老师不能入睡，他就披衣来把大家说一通，由于他的水平比我们高，说得大家心悦诚服，我们才在他的劝说下回家睡觉。

回想起来，这个小批判队是我第一次完全自由、自主、自愿参加的社团，却不自觉地接受了大社会中的"时代潮流"。虽然它未完成什么重大使命，可那里的我需要有一个团体，这个团体的性质我无法决定，只能选择；纵是选择也是有限的。也许它不是完全正确的，可在其中的人都获得了某些锻炼和成长；虽然它未留下任何记载，可它的影响将永远留在所有参加的人心中。

简言之，寒假是学生们在一起相互砥砺，取长补短的好机会，千万不要让孩子的童年在孤独中度过，大家在一起往往会有更多的欢乐。

"高明"校长要靠制度培养

2010年，中国九所名牌高校校长汇聚上海，讨论高校发展问题，相关媒体作了报道。从报道的内容看，这些校长所言显然与名牌高校校长的水平相差甚远，其中不少是老生常谈，还有一些说法明显是漏洞百出。例如："中国模式群体方式出现"论者，似乎不仅对哈佛与耶鲁的创建与发展的历史无知，对1917年北大改革的历史也知之甚少，完全否认了大学要靠独立思考而成为大学，反倒强调大学要随大流方能形成模式。难怪在《规划纲要》征集意见时，一些大学校长竟写上"教育部要怎么改，我们就怎么改"的意见。

再如"没有超越国界的大学"之说，似乎要退到邓小平提出"教育要面向世界"之前的时代。事实上，即便是在中国，自1840年教育的全球化过程即已启动，就没有纯粹的中国教育了，这里的"教育"包括从幼儿园到大学乃至成人教育，更不要说需要担当起研究高深学问、培养高级人才的重任的大学了。春秋战国时的稷下学宫、中世纪欧洲的大学，哪一所不是超越国界的大学？不能超越国界就不能成其为大学。

还有"把创建世界一流大学视为己任"论，所能建立的也只能是功利的大学，政绩的大学，外在于人的成长发展的大学，无视学术增值规律和逻辑的大学，依据这种逻辑和方式建成的大学与大学本应有的宗旨很难不背离，也很容易步当年"赶英超美"的后尘。

无怪乎有网民看后说：真不知是名校校长说得差劲，还是记者的报道差劲。总之，仅从报道中校长们的言论看，想由他们创什么一流，恐怕是无望的。

不敢说现今所有的大学校长都是没水平的，但至少从本人所作的调查和历史研究看，不仅现在在岗的大学校长优秀的不多，数十年来优秀的大学校长也屈指可数，这与中国数量众多的大学相比较，极不相称。

为了提高大学校长的水平，相关方面也采取了一些措施。如培训，不仅在高校中培训，还专门建立了教育行政学院进行培训，几乎每位高校领导都接受过这样那样的培训，其中不少人还出国培训，并建立了高校领导层出国培训的制度。虽然这些培训也取得了一些成效，但并没有解决中国大学校长整体水平不高的问题。

有人将希望寄托在海外留学人员身上。事实上，现任的大学校长，有一半都具有在世界各地留学的经历，相关方面一度试图通过这一方式提高中国大学校长的水平，并常把大学校长有多少人具有国际学术背景作为工作业绩，然而这一点也未能真正改变中国大学校长的整体水平。

整体提高中国大学校长水平的关键在于建立现代大学制度，并依据现代大学制度遴选和管理大学校长。依据这样的制度，大学校长需要由教授或大学相关方通过一定程序遴选，大学校长要接受教授等各方面的监督，同时吸纳各方面的智慧管理大学，这样的校长水平才能高起来。

大学校长遴选制度是现代大学制度的必要组成部分。优秀的大学校长首先必须具有相应的条件，大学校长当由校长遴选委员会选拔产生，校长遴选委员会可由大学相关方的政府部门官员、社会贤达、知名校友、学校教授等共同组成，制定校长标准，以管理能力、人脉、视野等综合素质，学术和行政的综合能力为选材标准，面向社会公开征选，确定人选后由学校理事会或高校主管部门任命。

在这样的制度设置下，校长的选择范围是广泛的，可在全世界范围内选择，英国大学可以选择中国人当大学校长，中国大学为何不可以选择能真正胜任大学校长的其他国家学者当校长？选择过程是需要经过激烈竞争的，而不是论资排辈的；选择方式是公开透明、多方参与的，而不是少数领导人内定的，不能由政府主管部门闭门操办；选择程序是严谨的，不会出现任人唯亲，也要减少校长任命的随意性，增强校长的民意基础和权威性，使校长办学更关注教育规律与学术规律。唯有如此，才能够招募到真正的有识之士当中国各大学的校长，才有可能是教育家办学，才有可能推进中国大学扎实步入世界一流。

好马是跑出来的，优秀的大学校长是做出来的。现代大学制度的内部管理制度是教授治校，高等学校的校长应该是全职职务，必须集中精力、全力以赴做好学校管理工作。大学校长的定位是职业的教育家，而非行政官员。校长自上任之日起就应退出教学和学术研究工作，这不仅是为了保证高等学校的正常运行，也是为了避免行政权力对学术的干扰和影响，避免学术腐败，这也是世界各国大学管理的通例。

唯有在现代大学制度管理之下，校长才可能集中全校师生的智慧，才可能不只是眼睛向上，而是更加关注学生成长发展的需求；才有可能依法办学，民主管理，才有可能变得"高明"起来、智慧起来；才有可能独立思考，形成各自独特的办学理念，而不会瞻前顾后随大流。

大面积长期没有高水平大学校长出现，就不只是校长个体上的问题，大学校长的产生与管理制度也有问题。现代大学制度是将大学校长从"官本位"枷锁中解放出来的制度基础，没有这一制度，纵有再高水平的人也难以成为真实的大学优秀校长，因而也不会出现世界前沿的大学。

校长要过"教学关"

自 1980 年代初开始,我一直不断在各地调研,由于校长在教育中的重要作用,讨论教育问题时常有人谈及校长的话题,我多次直言不讳地说出我的一种直觉:一线实职任校长的人中真正懂教学的越来越少了。我也曾想过,是否在 30 余年中自己对校长的专业要求标准逐渐提高,因此才会有这种判断?然而结合实地调查,进一步审慎地思考这一问题,我的答案却更加明确。

回顾以往,在 1978 年解放思想、拨乱反正之后,一大批教学基础较好的教师走上了校长岗位。80 年代中后期以来,经费一直是制约学校发展的瓶颈,教育界流传着这样的顺口溜:"校长本姓教,无奈去姓钱;姓钱为姓教,姓教必姓钱。"校长在教学方面再好,不善于"跑部钱进",不善于经营,也很难当好校长。在一些地方,校长甚至被师生们直呼为"老板"。于是乎一批能弄到钱却不太懂教学的人走上了校长岗位。

在我调研过的地方这样的案例并不少见。Z 曾参加三轮中考均未如愿,顶其父教师职位到学校食堂任工友,其后任食堂管理员,因接待来校领导而关系融洽,升任总务主任,继而任副校长、校长。由此也可以看到不懂教学的校长产生的另一个原因,即校长产生的体制。现行的校长任命制在任命校长时当然可以将是否懂教学作为一个因素加以考虑,但在现行体制下不可排除行政利己倾向的影响,其结果是所选的人首先考虑是否方便行政运转,懂多少教学变为次而又次的因素,这种体制必然导致懂教学的校长越来越少。这种影响已经在教育上形成两股强大的人才流动势能,一股是教学上优秀的人才流入行政和企业管理层;另一股反向流动是行政系统没有发展前途的人自愿或被动流入学校，且相当一部分人出任学校领导。这种双向流动的结果将会导致不懂教学的人当校长的状况长期化。

不懂教学能当好校长吗？人们可能会列举一大串理由说不懂教学的人当校长后校容校貌发生了巨大的变化，人际关系怎样和谐，教师福利如何改进，学校各项事业如何发展，甚至摆出国外的例子加以证明，其结论是不懂教学的人可以当好校长。但是我认为，学校工作的特性决定着不懂教学的人可能会做一些管理工作，却不可能当好校长。

其一，教学是学校的中心工作，必需不间断地处于学校决策全方位的关注之下，而不懂教学的人任校长常常造成教学进不了核心决策，非教学工作反倒成为学校工作的热点和兴奋点。教学工作的工具性增强，目的性减弱，造成学校工作系统与学校原本功能的倒置。

其二，不懂教学的人任校长导致评价教师和教学工作的片面性。教师和教学工作的评价不仅要看谁出的汗多，更要看谁真正依据教育教学的规律去工作，不懂教学便无法明白其中的道理，无法找到正确评价和决策的真实依据，也无法做出正确的决策，无法选择正确的执行方式。

其三，学校的管理当然遵从一般组织管理规律，但学校本身是一个特殊的专业组织，有其特殊的原则和规律，这些原则和规律的基础是教学，如果不是真正懂教学，校长的管理行为就不可避免地要违背教学规律。

其四，大量不懂教学的校长存在，必然加剧教育教学管理在运行和发展中已经存在的各种问题。如果是一位懂教学的校长，就会依据教学规律正确处理好这些问题；一位不懂教学的校长，则可能处理不好问题，甚至可能激化某些问题。

关于不懂教学的人任校长，还有一种托词：学校中设了一位懂教学的副校长，似乎这样就能解决前文所说的问题。然而，大量事实说明，教学是学校的中心工作，校长是学校的灵魂，不懂教学的灵魂必然使教学成为工具。不懂教学的校长是不合格的校长，这是一个与教育的效率和质量直接相关，进而与民族复兴密切相关的命题，当前的现状表明必须从体制上改革以保障这一命题落到实处。

PART 3

第三辑

让教育真正发生

学生究竟属于谁

中国校园曾流行的一首歌唱道:"我们的祖国是花园,花园里花朵真鲜艳,和暖的阳光照耀着我们,每个人脸上都笑开颜。"谁是这首歌中花园的主人呢?谁欣赏这美丽的花朵呢?这歌词的作者无意中忽视了一个教育理论上的根本性问题:学生究竟属于谁?

有人说,学生属于父母,有些父母希望子女努力去实现自己未曾实现的期望;有人认为,学生属于学校,孩子进了学校后,听从学校的要求就可以了;有人认为,学生属于社会,孩子只需要依照社会规范行动就行了;有人认为,学生属于国家,康有为在《大同书》中提出儿童"公养""公教";当然也有一部分人认为学生属于他们自己。

不同的价值取向对此的认识是不同的。国家主义教育观显然认为孩子首先属于国家,是祖国的花朵,孩子自身是没有主体性的。不少父母也心存"孩子是自己的"的观念,而实际上,孩子出生后就是独立的个体,就不再完全属于父母。学校管理者则认为,学生进了自己的学校就属于这所学校。上述所有观点在一定程度上虽有其合理性,但都必须承认一个大前提,即每个孩子首先属于自己。如果不承认这个大前提,就远离乃至违背了以人为本的基本原理。

以人为本需要承认学生存在的主体性,其基本原则就是要求尊重个体的主体性,有人将主体性概括为以下原则:一为本体性原则。即把教育看作是自在的、自为的、有自己的存在方式和发展规律的活动。强调教育不依附于政治、经济、宗教,在定位上要将教育看成是本体性事业。同时,教育中既要承认和确立教育者的主体地位,也要承认和确立受教育者的主体地位;既要发挥教育者的主体性，也要发挥受教育者的主体性。二为价值性原则。首先，把教育者和受教育者当作有价值的存在物，把教育本身看作是一种价值选择；其次，把教育者看作有价值的人，是教育的主体，是专业工作者，这是开展教育活动的基本要求；再者，教育过程是追求真、善、美和自由的过程，教育本身应该具有这些教育的规定性。三为实践性原则。从实践的意义上，主体性教育原则指把教育作为一种实践过程。

深入探究这一问题，还需要进一步分析个体与社会、教育者与受教育者、受教育者与各类社会组织、受教育者与其他受教育者之间的关系。

一、个体是社会的本源

在国家主义教育观里，经常强调的逻辑次序是有国才有家，有家才有你。当这一逻辑被反复宣传时，很多人也就不假思考地接受了。依据实证逻辑从人类起源思考，只能是有了人的存在才会有他的家，千万个家庭组成社会，并在人类发展特定的时期里组成国家。从人类历史角度来看，国家对个人来说并不是必要的，个人对国家来说才是必要的，没有个人就不存在国家。

这种理解并不等同于个人本位和社会本位这样两种极端的看法。在群体社会中追求人本的时候，个人与社会的价值接近相等，个人与社会一体，而不是简单划分为二元对立与割裂。

学者们抽象出的个体本位，认为个体的价值绝对高于社会价值；抽象出的社会本位，认为社会价值高于个体的价值，个人的存在与发展依赖并从属于社会，受到社会的制约，真正的个人是不存在的。这两种观点都走了极端。不同于上述简单抽象二分的是，以人为本的教育必须以具体的个人为本，不能以抽象的群体为本，以个体为本并非将个体凌驾于群体之上，而需要个体间的相互独立、平等、尊重，每个个体有尊严、有价值，才能构成更有品质的社会。

由此可见，明晰学生属于谁的问题是教育价值观的重构过程，是超脱于社会本位与个体本位的教育价值观。在教育实践中，需要以个体为出发点和目标，去创造理想的社会，努力实现个体价值与社会价值的优化、和谐组合。

二、受教育者与教育者共同构成教育的主体

受教育者属于自己是其他属性的前提，所有教育实践活动都需要以受教育者为主体。由于教育者与受教育者都是有独立价值的人，两者之间不是主客关系，也不是目的与工具的关系、主辅关系，而是共同构成教育的主体。

确定主体之后，就需要在教育实践的每个细节把主体当作主体，认识、了解、尊重具体人的特性和成长发展规律。认识到人与客观世界的不同和二者在历史发展中的同一性关系，人确立了主体地位，便能主动认识客体，遵从客体的规律，而不是过于强化人对客体的优越性、支配性、为我性，强调人对自然的征服，主体对客体的支配。

在中国社会生活中长期占主导地位的观点主要强调社会对个人的决定作用和个人对社会的依附性。人之为人、人之所以有主体性，原因在于人参与社会实践活动。离开了社会实践活动，人不可能成为人，也就更谈不上人的主体性了。但又不能将任何人作为某种组织确定的某种社会实践的演员和配角，每个人需要依据自己的体验和判断确定如何参加社会实践，参加怎样的社会实践，从而使得人的主体性在实践活动中更有效地发生、呈现和发展，进而发展人的能动性、自主性、创造性、自为性。

确定受教育者为主体，就应在教育活动中满足人求真、求美、求善和求自由的需求，并在社会实践活动中生成、发展、呈现和确证自身的主体性，建构人作为主体与他人、自然和社会等客体对象的关系。

确定受教育者为主体，就意味着教育的功能是建构个体主体性的实践活动，将个体主体性的本体、价值、实践融为一体，健康和谐地促进个体发展；意味着教育必须遵循主体性原则，必须遵循教育的内在规律和原则，教育活动要尊重人的价值、赋予人以价值、启发人追求价值；意味着教育必须以主体性原则所揭示的方式进行活动，要尊重学生个体的主体性，让学生主动、自由地发展，激发其积极性、自主性和创造性。

三、受教育者不应为任何社会组织所绑架

既然受教育者是自主的，就不应为任何组织所绑架、裹挟。在教育与社会的关系上，要尊重教育的专业性、自主权与相对独立性，打破教育的模式化，用多样化的教育培养富于个性的人。教育既不是政治的工具，也不是经济发展的手段，更不是其他社会实践活动的依附与从属。教育作为一种自主性活动，需要自主地确立它为社会服务的目标、定位和方式，教育应该有其职业的自主意识，具有基于主体性的自主性、自为性、开放性、超越性、创造性，遵从其内在规律、专业规则，自然成长。

教育管理者、教职员工和受教育者可以在社会中属于某一组织，但不能把组织的诉求带到教育之中，要尊重受教育者的主体性，确认学生在教育活动中的主体性地位。师生之间在人格上是平等的，师生是角色不同但以合作、互动的方式开展教育教学活动的教育主体，而不能以教育以外的组织相互约束。

最可能对受教育者实行绑架的是教育的规划、组织、管理、评价的主体，它们常以居高临下的方式绑架师生，它们常常强调教育应该体现人类、国家、教育系统的组织需要。每一个有一定权力的组织不应忘记它们的权力源头是众人的赋予，它们应该发挥其自主性、积极性和创造性为受教育者服务，而不是以自己的主观臆断绑架受教育者。保障受教育个体不受绑架是个体得以健全生长的基础。

受教育者不只不能被绑架，教育还应该通过活动建构受教育者的主体性，唤醒受教育者的主体意识，提高受教育者的主体认知水平，增强其主体性能力，把学生培养成主人，而不是培养成工具；协助受教育者在认知、情感、意志、行为等方面生成其主体性，自主地依据其个性特征和社会需求将社会文化内化为个体主体结构的内容，自觉地追求人类的幸福与美好。

在受教育过程中，受教育者可自主组建或参与社团，但要保证参与、退出的自主和自由以及在社团内部表达的自由，不能拿别人做工具，也不能做别人的工具。现实中，由于评价标准过于单一，客观上绑架了大量学生，他们竭尽所能试图成为重点学校学生，成为智囊，成为各种先进者、"美德袋"，

成为分数载体,而成为身心健全的人往往被抛到脑后,这种追求必然远离以人为本。

四、平等合作学习者

从以人为本出发,"生活即教育,社会即学校",所有的受教育者应是无阶层之分、无老幼之序、无种族之别、无政治派别之类的一切社会成员,人人都是学生,人人都是先生。

在学习者群体中,个体始终存在向前、向上发展的要求和欲望,任何一位学习者都不是孤立的,教育者与受教育者积极性、自主性和创造性的最佳配合需要通过平等合作来实现。所谓平等合作,就是不再是谁对谁的指使,而是基于各自独立思考基础上的互认选择,教育内容的选择、方法的运用、方案的确定与修改、结果的评定、问题诊断都需要平等合作,并在平等合作中学习。

在师生关系方面,强调师生平等,教师不是知识和智慧的唯一载体,教师尊重学生的主体性才能教育好学生。在教学方式方法上,应从灌输或上施下效转变为在了解学习者当下成长发展需求基础上采用互动启发的教育方法。

平等合作者不能误读为在知识或能力上没有权威、没有水平差异,也不能使用"非此即彼"的逻辑,过度抬高学生的主体性,认为一切由学生自主决定即可,低估教师的作用,导致教师的职业神圣性被不恰当地降低,学生对教师的尊重减少,甚至出现一些学生难以接受教师的批评和评价。还有一些人将自己的主体性确立后,会有意无意地将他人当成客体。这些误解都偏离了平等合作学习者的范围。

个体不只是在学校或其他教育机构里才能受教育,所有个体都处于宇宙这个大的教育场中,"众生皆同学",一切人都是学生。尤其在进入信息社会后,每个人在每时每刻都应该且能够受到教育,所以,平等合作学习者的范围远远超出一般意义上所说的学校内部的师生关系,个体的眼、耳、鼻、舌、口五官随时都可攫取外界的信息,产生一定的反应,无论是条件反射或是非条件反射，最终都将对个体产生教育作用。由于个体的态度和选择的不同，会产生不同的学习效果，从而成就个性多样化的个体。

平等合作学习者之间存在较强的共生关系，首先是人类与自然界万物和谐共生；其次是个体与社会的共生，个体积极地去改造社会，同时，社会又要求个体在产生、成长、发展过程中遵循一定规则，以更加有利于个体的成长和个体所组成的社会的发展；再次就是人与人的共生，个体不可能孤立生存，唯有共同生存才能求得自身的生存。因此，共生是一切教育产生的必要条件。既必须共生，又要求个体妥善处理好共生中的问题，积极利用共生来培养自身的生活力，通过共生建立一整套适应社会整体发展水平的个体共同生存的伦理、道德，要求个体共同遵守共生中的一般规范，和谐同周围个体的关系。教育要为个体的生活向前、向上发展而促其自觉性之启发和创造力之培养，要为个体组成的社会的发展而去提高个体的生活力。

学校是需要文化的

山东蓝翔高级技工学校因为"跨省斗殴"事件引发各方关注。蓝翔现象背后折射出的世人心态值得分析，与它相关的中国职业教育发展之路也值得理性思考。

本人第一次比较系统地关注蓝翔是八年多以前，那时由于负责国庆60年成就展的教育专题内容和文字工作，相关部门把蓝翔的图片、录像和资料作为职业教育发展的成就报了上来。我们几个人花了两天边看边仔细琢磨，最终没有选用，主要原因就是我们一眼所见，很震撼，看到各部分在不断地动，却不见人，不见教育的主体人。又好像在听疯狂英语那样，刺激很强烈，却难以给人留下美感，难以令人亲近。总体上感到它与真正好的教育存在着较大差距。此后，也就事后不思量了。这次媒体再把蓝翔推到公众面前，审视再三，有一些不吐不快之语。

蓝翔是中国社会难得的教育存在。这里说的难得并非有人称之为"教育帝国""中华百佳儒商"，而是由于它为特定阶层的子弟提供了学得一技之长后能拿到一个饭碗的机会，同时自身又在生存环境极端艰难的情况下维系了下来。由于本人自1985年后就关注职业教育的情况，对此的体会更为清晰。

中国现代职业教育起源于1860年，此后在洋务时期得到较快发展，1910年后在黄炎培等人的倡导下有了较大规模的发展。职业教育发展过程中，一直是以社会底层子女作为培养对象的，官宦子弟历来很少进入职业学校，这又是中国职业学校长期以来难以发展起来的重要原因之一。1949年后我们开始非常重视发挥教育在国民经济建设中的作用，提出教育向工农开门的口号，并提出坚持教育与生产劳动相结合的方针，要求普通教育与职业技术教育并举，其中只有少数政府办、有计划、有指标、保供给的老中专发展得比较好，大多数情况是浪费了人力、财力、物力和时间，专业水平不高。

1980年10月7日，国务院批转了教育部、国家劳动总局上报的《关于中等教育结构改革的报告》，为新的职业教育发展提供了政策条件，接着上海等地开始出现没指标、不包分配的中等职业教育。1985年前后，各地这类学校遍地开花，内容多种多样：养鹅、缝纫、中草药、盆景、烹饪、工艺……时间长短结合：一个月、三个月、半年、一年、两年。另两个特点是私立学校迅猛发展，与市场需求和实际需要紧密结合。这类型学校由于社会需求迅速扩张，1998年在校人数进入高峰。

与这种蓬勃发展相伴随的是有一把大剪刀在不断修剪它们，那就是持有机械、传统、正统观念的管理者，以及他们所掌控的管理权，修剪的理由包括：没有开设主管部门认定的课程、没有合格的教师、没有达标的教学设施、没有实习基地、学习时间太短……甚至是没有使用某个机构主编的教材。任何一个理由都可使一个充满活力却不成熟、其貌带丑的学校被卡死。众多的学校就被这样一个个卡死了，结果是留下来的学校都有规范的人员编制，有财政投资建起来的教学大楼、实验设备，却由于它们一个个都被管得循规蹈矩，缺乏生气，担当不了职业教育发展的使命。

在观念上重普轻职，体制上重公办轻民办，政策上重国家意志轻民众诉求，方式方法上重单个学校发展轻体系建设和职业教育生态维护的大环境下，山东蓝翔经历了30多年仍屹立不倒，自然是难得的。

然而，这种屹立不倒所付出的代价同样是沉重的。在一个众人皆亡我独存的恶劣生态环境中能够存在，必然有与其他人不同的生存之道，荣某本人曾当选为全国人大代表、济南市工商联副主席、天桥区政协副主席，蓝翔帝国的触角得以延伸到房地产、金融、珠宝等多个层面便是例证。20世纪80年代中期，河南商丘农民荣某和孔某来到济南开始创业。经过几十年在这种恶劣生态环境中的生存和发展，他们在学到不少、获得不少的同时也改变了不少，失去了不少，除了学费之外，几乎对他们不设门槛的灰色盈利体系已不可避免地出现了。

将这样的一个体系安装在城市里，对于隐性失业数亿的农村人口来说，有很大的诱惑力，年学杂费 3 万元左右，80% 生源来自农村地区便是有力的证据。由于大量农村人口改变自己和子女生存环境的需求强劲，由于普通大学升学率的限制，由于不少乡村教育条件的不足，由于单一分数制评价的缺陷，由于学业成绩的限制，由于人生职业规划实施中的各种挫折，由于各行业对技术人力资源的需求，形成了一个隐形却巨大的口袋，袋口就朝向蓝翔技校之类的学校。

正是这种强大的需求和它所处的不良环境，使得在蓝翔 30 多年的发展中，"野蛮"似乎一直伴随其左右，蓝翔技校发展史上的类似案例"举不胜举"，派学生清场、因争抢生源而大打出手、强制就业，各个环节都与经济利益挂起钩来。

从性质上来分析蓝翔，它是一所没文化的学校。然而没文化的又不只是蓝翔技校，还有为它提供资源和机会的社会，对它进行管理、评价，给予它比其他学校更有利的发展机会的管理者。为何有人把它的资料推荐给国庆 60 年成就展作为成就？就是由于推荐者自身缺乏基本的教育素养而没有看到蓝翔的致命缺陷。荣某曾向媒体强调："你是搞教育还是搞钱，这完全是两条路！"但荣某并没有从自相矛盾当中站出来，相应的整个社会也缺少真正站出来的人，并没有太多人有资格对处于这种状况的人进行嘲讽。

然而，文化不能像圣诞老人发礼物那样，短时间就能发到每个人手里。假如在 1985 年前后，管理者对各地如雨后春笋般初生貌丑的职业学校采取放生而非大力裁减的态度，天长日久杂芜中必然生出秀枝，再经过市场的选择和优胜劣汰，现今就会有若干所有文化的职业技术学校，这些学校间就会形成更为良性的生态，或许在这种生态中蓝翔就不会获胜存在，即便存在也会由于其处于不同生态环境中而变得更有文化，不像现在这样粗野。

失去的机会不可能再用假设的方式找回来，但建立现代职业教育仍然是中国尚未跨过的门槛。回首数十年曲折，要跨过这道坎所缺的不是钱，恰恰是没有文化、没有思想。正因为没有文化和思想，政府一直把职业学校抱在自己的怀中，一面说它面黄肌瘦很可怜，一面又不让职业学校下地自己走路，还要限制私立职业学校发展，刚出头就以各种名义说它不合格，不给文凭，不给合法地位。于是，政府常常以发展职业教育的名义极大地伤害职业教育发展的内在活力。如果这种文化上的障碍不消除，就不可能产生出有文化的职业学校。

要想职业学校变得有文化，就要管理者打开让文化自然生长的闸门，让更多的职业学校在平等竞争中形成整体的良性生态，共同享受文化的滋润，提高质量，更好地服务社会民众。

国学教学在于培养有根的现代人

近代以来，中国人对传统文化有过彻底的敌视与抛弃，如打倒"孔家店""破四旧"，欲将传统文化全盘否定。我们吃过这种亏，现在对传统文化重新重视，在基础教育中增加更多内容，对中华文化的传承而言是很有必要的。

"国学"至今仍然是一个未被清楚界定的词，"国"既是一个政治概念、地理概念，也是一个历史概念，不是所有的国学都值得学习和传承，比"国学"更准确的说法是"中华优秀传统文化"。但应注意的是，学习传统文化的目的，不是让每个人都按古人的方式做人做事，而是培养一个有"根"的现代人。

一个文明发展得越久，其根基也就越深，几千年的中华传统文化是每个现代中国公民应有的根。而对一些普世价值的追求，比如自由、民主、公正、权利等，则是每个现代公民应具备的基本特性。民国时期的一大批知识先贤，如胡适等人，他们不仅具有现代精神，又有很深的传统文化根底，这是今日中国之教育应该努力的目标。

对《弟子规》等教材的争论由来已久，在历史上，《弟子规》也未被公认为合适的教材，仅在小范围使用。过去就有人提出改造经典，写出《新十三经》《新弟子规》，但总体上都不成功，不被大众接受。"三（字经）、百（家姓）、千（字文）、千（家诗）"作为有数百年沉淀的传统蒙学教材，要对它们简单改造是不行的，我们能做的是在教学过程中，教师对内容进行讲解分析，注重理解，将其作为行为参照，指出其是非利弊。

实际上，传统文化经典是相对定型的，从四书、五经，到七经、九经、十三经，经典在被不断筛选定型，总体来说，没有太多新内容。在这种情况下，没有必要像其他教学资料搞得特别繁杂，选用这些传统经典即可。国学不同于一般课程，它并非单纯的知识，而是包含许多价值取向、人生态度的思考，故而国学不能以教授知识为目的，不能搞简单的死记硬背，要让学校和学生有一定的自主空间，灵活教学，注重理解，目标是筑牢现代人的根基。

幼儿园阶段不应有教材，幼儿园的孩子不处于知识学习的过程，他们应该以游戏为主，可以在游戏中融入传统文化元素，一旦灌输，容易僵化，如果作为知识去教孩子，就违背了孩子的成长规律。但在中小学生阶段，对传统文化有一定量的诵读是必要的，即便当时不一定能理解其内涵，但到了一定的人生境遇或许就能理解。最典型的例子是孔子所说的"吾十有五而志于学，三十而立，四十不惑，五十而知天命……"，只有到了相应年龄才能理解，那时候就会觉得孔子说的话是经典。

依法治教，就是教师自己的事

在法治社会中，每个人都担负着有限的责任，也都享有一定的权利，教师当然也不例外。

由于中国社会法治进程依然较慢，教师权益受损的情况时有发生。而在较长时期的行政管理体制下，教师们习惯性地将自己定位为被管理者、受管者，对自己的责任和权利边界不甚明了，教育管理者也常以这样的心态对待教师，于是形成一小部分有行政职衔的人是管理者，绝大部分普通教师是被管理者的二元人际关系，这与法治社会的基本精神是不相符合的。

这样的心态在一定程度上为外界侵害教师合法权益提供了可乘之机。就以现有法律而言，中国的《宪法》《教育法》《教师法》《义务教育法》都对教师的工资报酬、福利待遇等合法权益作出明确的规定，2012年教育部发布的《依法治校——建设现代学校制度实施纲要（征求意见稿）》也从章程制定、民主决策、信息公开、尊重师生等方面对学校依法办学提出明确要求，这些规定中的部分条文因为种种原因未能兑现，既有学校及其管理者未能尽责的问题，也有权益主体未能依法维护自己权益的问题。不少教师长期认为，什么管理、法治是官方的事，与自己无关，高高挂起，宁愿做一个旁观者。于是原本应相互支撑、相互制约的责任与权利体系虚化，有了任意而为的可能，权利未能受到有效的监督，才会有侵害与被侵害。

每个教师都需要将自己明确定位为依法治教的主体。从法律关系上说，依法治教的主体就是参与教育法律关系的主体。其范围主要包括：各级人民代表大会及其常务委员会，各级人民政府及其职能部门，各级教育行政部门及其他有关行政部门，各级人民法院，各级人民检察院，各级各类学校及其他有关机构，企事业单位、社会团体及公民个人。

由此可见，依法治教不仅是立法机关、行政机关、司法机关的事情，同时也是全体社会组织和社会成员的事情，不仅需要依靠教育行政机关、司法机关，而且有赖于政府有关部门的共同努力，必须依靠社会团体和公民。凡是从事教育活动或参与有关教育活动的主体，都应该是依法治教的主体。教师是教育的直接当事人，是依法治教的直接推动者和具体实践者，自然需要参与到依法治教当中，并成为当然主体之一。

所以，推进依法治教，需要教师真正担当起法治主体的角色，生成自己强烈、明晰的法治意识，需要全面提高教师的法治意识，强化教师的法治意识，既明了自己在依法治教中的责任，又明了自己在依法治教中的权利，整体推进依法治教进程，才能为维护教师的合法权益提供更有效的社会保障。

更为重要的是，教师需要将法治主体意识落实到行为中，对于现实中有法不依、执法不严的行为，对于一些地方政府不愿执行或有意忽略依法治教基本原则的现象，不能视而不见，袖手旁观，需要通过多种渠道和方式维护法律的尊严，从并非利己的角度维护自己的合法权利。

依法治教的实质就是要求所有的教育法律关系主体必须在合法的范围内按照合法的程序做合法的事。依法治教的核心是规范各种权力主体，防止权力的膨胀和滥用，因此，落实依法治教的关键是"治权"。在许多地方，教师的合法权益得不到保障，第一个环节就卡在知情权上。比如，有的地方以财政紧张为由，长期不给教师上调工资，或拖欠教师的工资，当地政府给出了五花八门的解释，由于教师不了解当地财政的整体预决算情况而无法作出判断。事实上，教师不只是依法治教的主体，作为社会一员，也是当地社会的法治主体，依现行法律和政府信息公开的规定，教师有权知悉当地财政资金使用的整体情况，有权提出依法合理使用财政资金的要求。

简言之，要切实维护教师的基本权益，必须按照依法治国的总体要求，认真落实依法治教，为教师的基本权益构筑起法律"安全网"。

生命的价值高于任何教育

校园安全引起社会重视已经多年了,然而并未杜绝校园事故的发生。2014年9月26日下午,昆明市北京路明通小学又发生一起踩踏事故,造成多人死伤。

如此惨痛事故发生之后所需要的恰恰是理性,而非激动。历次事故发生后由于只有激动而缺乏理性,在没有充分调查之前就作出处罚决定,使得一系列事件发生后都缺乏充分调查、专业分析、有效对策、持续稳定的防护措施,才又衍生出新的事故和悲剧。

这次昆明的事故发生以后,各方追究责任速度之快令人吃惊,7名责任人受处罚,这种操作方式显然带有较强的"维稳"特征。尽管现在所处理的人中确实有必须对此次事件负责任的人,但这样处理的实证依据是不充分的,究竟导致这一事故发生的真实责任链是怎样断掉的,尚无明确的调查结论。如在没有充分实证基础上就主观联想下结论,以后这一事故的原因就可能永远是一本糊涂账,也无法为避免今后此类事故的发生提供有效的警示。

这样的事故处理模式,导致每次事故的教训都未能得到充分汲取。尽管行政指令一道道往下发,封闭完整的校园安全责任链却一直未能建立,校园安全事故也就不可避免。

从庆阳校车事件后,就有人对这种事故处理模式提出改进意见,然而多年来,这样一种事故处理模式依然难以改变,分析其深层原因,还是对校园安全的定位存在偏差,现有的定位是维护稳定而不是维护生命价值。这种事故处理模式事实上是将校园安全作为紧箍咒,套在各级行政部门、学校领导和教师身上。而人的天性决定着他们会想方设法逃避紧箍咒,所以尽管这道咒反复念，一发生事故便念一次，一个地方发生事故全国都跟着念一次，但总有一些人心有旁骛，或心口不一，念过以后也未必生效，于是事故依然会发生。

因此，当下最急迫的是改变对校园安全事故认识和防控的定位，不能对每次事故仅作肤浅的处置，打扫完悲剧现场，处理几个似乎相关的责任人就算了事。要把安全作为教育工作的前提，凡是不安全的地方、没有有效的安全措施就不能开展教育。因为生命的价值高于任何一种学习与教育，高于学生的学业成绩。

有了这种定位，首先需要政府真正担起责任，敞开胸怀接受社会各方对学校安全状况的监督，尤其是要给专业的第三方安全评估和监督组织存在的空间，让专业的校园安全监督成为校园安全的第一道防护栏；其次，学校内部要明确特定时段和特定空间的安全责任人，建立全员全方位的安全责任体系；还有，对学生的安全教育要到位。

与改变安全定位相关的是要建立起安全成本和投资意识，不少地方强调安全而又没有安全投入，安全教育也缺乏系统性、专业性、可操作性，或仅有讲课、背书，缺乏实操，使得相关措施跟不上口号。名校发生踩踏事故便是这样一个典型案例。

真正的校园安全是包括师生在内的每个人内心的责任。

让尊重生命成为普适文化

重庆 10 岁女孩摔婴案在媒体引发一阵波澜后，在反思还不够充分的时候，又逐渐归于平静。

依据我的长期调查，这个 10 岁女孩内心再坏也坏不到哪儿去，但她所处的社会环境中却可能存在她难以免疫的毒素。这才是导致女孩捅出大娄子的恶因，也是大众更应该反思的地方。这种恶因就是弥漫于整个社会的对生命的怠慢、轻视，而非尊重、敬畏。由于长期生活于这种环境中，人们对此的意识并不很清晰，甚至觉得没有什么异样。但在我的教育工作经历中，有一件事让我深有警醒。那天是天津蓟县某商场重大火灾的第七日，我受邀到天津为一批公立幼儿园园长作讲座，一开始我就提议：尊重和敬畏生命是做好幼儿教育工作的前提，今天正好是天津蓟县某商场火灾中遇难同胞的头七，我们一起默哀一分钟。接着令人震惊的一幕出现了，所有的园长都稳坐如钟。

有人或许要说这是一个孤立的案例，不足为证。2013 年 4 月 20 日，我去深圳参加一个校长论坛，在机场得悉芦山地震了，次日，论坛的主持人在开始之前提出为地震中遇难的同胞默哀一分钟，在现场数百名学生面前，依然只有稀稀拉拉的几个人站了起来，这就是一种无声却"有效"的教育。

事实上，这种无声而有效的教育时时刻刻存在着，在学校里、社会上、家庭中。既然生命在这些长期从事教育的主流人群中都如此轻若鸿毛，就无怪乎幼儿园和学校中常常发生儿童伤害、性侵、虐待案，就无怪乎孩子们对生命的懵懂和无知；反过来说，家长们还放心把孩子们送进这样的幼儿园和学校，那么家长乃至整个社会忽视生命的意识与学校并无两样。在这样密布毒素的环境中，希望孩子们表现得好一点，本身就是一种奢望。

80多年前，陶行知感触到"中国废掉的只是人的生命"，专门写了《中国的人命》一文，发出呼吁："中国要到什么时候才能翻身？要等到人命贵于财富，人命贵于机器，人命贵于安乐，人命贵于名誉，人命贵于权位，人命贵于一切，只有等到那时，中国才站得起来！"

近些年来，人命在中国的地位已逐渐有所提升，每次遇到大的灾难，已经改变了过去先救财物后救人的错误做法。但对生命的尊重依然尚未达到应有的程度，不断发生的不应有的伤害或命案就是例证。

之所以处于这样的状况，还是由于一些逻辑的颠倒，这种逻辑认为消灭了坏人就能建成理想社会，而非所有人共同去创造理想社会，认为意见不同的人的生命价值要轻于意见相同的人的价值，身份、地位不同的人的生命价值不等。于是一些人常常以似乎高尚的名义伤害另一些人的生命，以似乎高尚的名义亵渎另一些人的生命；于是在这个社会中就自然存在一些厚命的人、一些薄命的人，一遇到某种情况，那薄命的人就会因此丧失自己的生命。

怎样让那些园长和校长们真诚地敬畏生命？怎样在政府官员中确立发自内心的敬畏生命观？怎样在所有国民中确立生命高于一切的意识？这是整个社会系统性的难题。改变现状就必须彻底改变潜存于社会意识中的错误逻辑，让尊重和敬畏所有生命成为一种普适文化，所有人的生命都具有同等的价值，都应无条件地获得尊重和敬畏。这种文化所能浸润到的地方，无辜的生命伤害就会减少乃至消失；唯有在这种文化哺育下，所有的中国人才能挺起胸膛来。

教师神圣才能品德高尚

2014年，教育部发布《关于建立健全高校师德建设长效机制的意见》，首次划出对高校教师具有警示意义的七条"红线"。

也就是在这一年，校园失德事件又频频发生，学术造假、体罚、有偿补课、隐形欺骗、性侵学生等时有发生。北大副教授诱骗女留学生、四川美院教师"性骚扰"女生、厦大"博导诱奸门"等多起高校教师"失德"事件更令人震惊。

师德问题的症结究竟何在？可以确定地说，在没有确诊的情况下此问题是无法彻底解决的。

从宏观上看，全国一千多万教师总体品德状况是较好的，与其他行业相比，当下教师行业仍是品德较高的一个行业，教师仍是当下中国社会道德底线的一道坚固堤防。同时，中国师德问题与历史纵向比较和与世界其他国家横向比较又是较为严重的。在历史上，由于教师没有铁饭碗，要靠以自己的品德为基础的口碑和信誉获得饭碗，所以德高为师的社会选择机制保障了师德整体的健康，个别品德不良的教师会见于史载，而且丑行一旦为他人所揭便无人再以其为师，所以大面积师德败坏的现象几乎未有见闻。

在国际上，多数国家有权威性较高的非政府组织教师行业协会，它们一方面强势维护教师的权利，使得教师在当地的社会地位较高，收入较丰厚，有大量候选人需要经过竞争才能入职成为教师，比如日本有教师资格证的人中大约仅一半人能上岗任教，这样就使得师德不良者难以入选；另一方面，教师协会对教师的行为起着重要的监督作用，凡行为不端者，一经被举报就会进行调查，若事实确凿，行业协会会如实公布结果，建议撤销相关当事人的教师资格。虽然一般他们没有直接处罚这位教师的权力，但相关雇主为了自己的声誉，会作出开除当事人以及其他的相关处罚，或不当行为人出于自责请辞。

追其根源，当下师德问题是社会腐败堕落在教育领域的具体体现，行政官员的不良作风、当下社会法治的不健全、学校管理的行政化是当下师德问题主要的影响因素，不少教师没有将"其身正，不令而行，其身不正，虽令不从"作为在日常教学中发挥模范、表率作用的准则，而是羡慕权势和礼仪，进而模仿，某校长带女生开房便是典型例证。

所以，唯有社会腐败问题得到根治，社会法治状况有所改善，师德问题才能有全面治愈的社会基础。

这样说并非意味着教师不能在一个腐败环境里做一个有道德的人。事实上，当下就有不少教师顶住了各种诱惑，默默无闻而又心照不宣地做着堂堂正正、干干净净的人，虽然他们内心的阳光常被社会的阴暗遮盖。

找到师德存在问题的病理，解决师德问题就不能再头疼医头地限于在"师德"上做文章，根治社会的腐败，加快法治进程，不让官员的腐败浸渍到教师身上当是首选方案。

从微观上看，作为一个人，只有他能够自主才有道德可言。在自主的基础上依据自己的道德判断所作出的选择才显出一个人真实的道德水平。如果不能自主，他就会被迫选择伪装。伪装的善不是真善，还会污染社会的道德环境。常常出现悖论的是，每当师德出了问题，管理部门就出规定、划红线、发文件，将教师作为一群被约束的对象，这样能解决问题吗？最多雨打地皮湿，反而由于功利取向和权力裹挟，抑制了教师的自主，阻止了教师道德判断能力的发展，使得教师人群的品德永远不可能高起来。

需要看到的是，品德良好与高尚还是有一段距离的。一个社会的常态是不同人的师德存在一定的高低差，整体能够形成一个良性生态。解决目前教师道德的低端问题要划清道德与法律的边界，对违法者要坚决依法惩处，不能把违法行为简化为道德问题从轻处罚，同时通过根治社会腐败，防止教师人群继续受到污染。

维护好师德的生态更需要全社会共同努力。教师的神圣感不是无源之水，一方面来自内心对教师价值的认同，另一方面来自社会各方面如何看待教师。而现实社会各方面对教师的尊重依然不够，尤其是一些地方政府或部门领导人、家长对教师的尊重不够造成了极为恶劣的影响。教师不是政府的下级，而是社会的贤良化身，如果以这样的态度对待教师，任何世俗的权势都不会在教师面前放肆。

由上可见，师德不只是教师的问题，而是全社会的问题，需要把加快社会法治和肃清社会腐败作为基础，每个人都有一份责任，也都可以从自己的立场上表达自己的态度，做自己可以做的事，而不仅仅是指责。

教师的彼岸在哪儿

1932年，政府曾规定6月6日为教师节。1949年后废除了这个教师节，把教师当成产业工人，改用"五一国际劳动节"为教师节，但教师们没有感到这是自己的节日，没有与教师职业相关的活动，也没有凸显教师职业的特点。于是经过多年的呼吁，终于将教师节定在9月10日。

说这样一段历史，是由于当时任全国教育工会主席的方明先生曾拿着一摞为恢复教师节批来批去的文件向我诉说过更长更多的内容，这里不想把他说的重说一遍，但一定要把一种感觉说出来，那就是他在为恢复教师节奔走的时候，他心中有个明确的彼岸。当全国人大确定将9月10日定为教师节后，他们那些人到达他们心中曾向往过的彼岸了。

中国有句俗语：三十年河东，三十年河西。现在恢复教师节已经30多年了，享用教师节的教师们心中是否有过彼岸？如果有，又是哪里？是否已经到达？到达后是否又生成了新的彼岸？

从我经常与教师的交往中得到的感受是，多数教师内心是没有彼岸感的。他们成天忙于琐事，上课、辅导、批作业、工资、奖金、评职称、开会、说课、做课题……几乎没有多少时间抬起头来看一看，放开眼去望一望，静下心思想一想。于是他们心中没有了彼岸。

是教师们不需要彼岸吗？未必。他们对此岸有太多的抱怨，社会对教师也有许多抱怨，照理说内外两重动力应该能生成教师心中的彼岸了，但很多教师仍然无动于衷。

不少青年教师刚走上教学岗位的时候还能志存高远，而工作若干年后，内心的彼岸由远而近，逐渐与此岸合二为一了，于是多数工作了几年的教师心中就没有了彼岸。

当多数人都是如此的时候，人们不得不把它归因于学校的管理制度、人际关系，教育的评价制度，社会的功利思潮，等等。坦率地说，当下社会，这些确实是导致不少教师心中彼岸消失的主要原因。

但是，所有人内心彼岸的消失，就是所有人的自我消失。可谁又愿意真正让自我消失呢？很多时候仅是自己意志不坚定，甘于随大流，为了眼前的利益宁愿被裹挟。

正因为没有彼岸，现实中存在大面积的教师职业倦怠。而管理者不明就里，还要加大管理力度，不顾对教师的起码尊重，不顾人际伦理，把一个个已经挤压得没有多少勇气和自信的教师逼到墙角。在墙角的人最多能看见天花板，不会有彼岸。

当下无论从教师个人的成长发展角度看，还是从教育品质的提升看，心中有彼岸的教师都会优于心中无彼岸的教师。而每个人心中的彼岸是要经过每个人的内心体验去确定的，不能采取行政指令的方式确定。

希望各相关当事人放出一点空间，让教师们能够生成自己的彼岸，让他们在努力到达自己的彼岸的时候，也把教育带到"彼岸"。

乡村教师是解决乡村教育问题的重要支点

2015年4月1日习近平主持召开中央全面深化改革领导小组第十一次会议。会议审议通过了《乡村教师支持计划（2015—2020年）》，指出发展乡村教育，让每个乡村孩子都能接受公平、有质量的教育，阻止贫困现象代际传递，是功在当代、利在千秋的大事。要把乡村师资建设摆在优先发展的战略位置，多措并举，定向施策，精准发力。这对当下严重困难的乡村教育发展无疑是及时的喜讯。

十余年来，尽管中央政府也发过一系列加强农村教育的文件，却未能真正扭转乡村教育日渐衰落的大势。有人不假思索地将这一现象归因为城市化的影响，显然是坐而论道。只要稍作一点调查就不难发现，城乡居民所受教育质量存在较大的差异，乡村居民只要稍有点辨别能力就会选择将自己的孩子送到城里较好的学校上学。正是由于城乡教育质量差距加上居民迫不得已的选择，导致城乡教育的马太效应日益严重。

在保障城乡居民平等享受义务教育权利的情况下，城镇化也确实可能会在一定程度上影响到城乡教育的流动，这种流动是理性平缓的。然而，过去几年的真实情况是，一些地方在规划建设的时候，罔顾义务教育是政府对所辖地所有居民一视同仁应尽的责任，采取先城后乡、重城轻乡、抽乡补城等双重标准的做法，引发城里的学校建好了，乡村学生大量涌入；城里的师资和学校条件好，待遇高，师生都想方设法往城里挤；用各种考试选拔的方式将乡村优秀教师选进城里，进一步加重了乡村教育的问题；利用在城里建设较好的学校带动乡村居民到城镇买房的方式加速城镇化，增加财政收入。结果是乡村出现大量漂亮的薄弱学校，城里出现大量的大班额和巨型学校，最终既误了乡下，又误了城里，导致教育生态恶性循环。

所以，解决当下乡村教育的问题，解决乡村教师问题是个重要的支点，唯有拓展乡村教师补充渠道、提高乡村教师生活待遇、统一城乡教职工编制标准、职称（职务）评聘向乡村学校倾斜、推动城市优秀教师向乡村学校流动，才能让乡村漂亮的薄弱学校提高教育质量，阻止住生源的恶性流动，降低择校压力。

同时，又必须看到仅靠这个支点难以全面提升乡村教育质量。从根本上建立城乡教育的良性生态，就必须校正比较长的时间以来管理理念上的误区，真正以人文本，把村民和市民的权利放在平等的位置上，关键是政府确立城乡居民有平等享受义务教育权利的管理理念，然后通过资金投入、人员配置、政策调整等全方位的措施确保城乡居民能够平等享受义务教育的权利。乡村教师的各种支持计划要为实现这个大目标服务。如果不明晰这个大目标，支持计划就有可能在一些地方变成无的放矢，为支持而支持，并不能有效发挥作用。

全面建成小康社会、基本实现教育现代化的薄弱环节和短板在乡村，在中西部老少边穷岛等边远贫困地区。乡村教师支持计划必须放在这个大局下实施，必须理解城乡是社会良性生态体系的两个不可或缺的部分，谁也离不开谁，城乡教育需要得到同等重视，有了这种自觉认识，再因地制宜制定符合乡村学校实际的有效措施发展乡村教育，才能把好的政策落实到位。

家庭教育的几点常识

首先，我想问大家一个问题：孩子归谁所有？是归父母所有？学校所有？社会所有？国家所有？还是归孩子自己所有？大前提当然是每个孩子首先是属于自己的，这点认识如果错误将会导致一系列的错误，正所谓"一步错，步步错"。

在如今应试教育的大环境下，我们家长追求的到底是什么？是重点学校学生？智囊？美德袋？还是分数载体？这些追求目标通通都远离了以人为本的科学发展观核心，让孩子与幸福背道而驰。每个孩子都是在未来世界、未知环境中成为我们未知的未成年人，因此无论是家长还是孩子，我们追求的都应该是孩子本身。

那孩子和家长的相处模式到底应该是怎样的呢？其实家长无非就是梯级改进的传递者，因为父母和孩子都是祖先千百万年进化的个体体现，每一代体现的是一级，然而一级与一级之间只能传递，不能替代或越位，家长和孩子在人格上是平等的，而且民主的家庭氛围最有利于孩子创造力发挥到最大限度，从而帮助孩子更有利地成长。

但是在我们绝大多数家长的脑海里却存在很多成才的理论的误区：

（1）积累论，认为学得越多就会越优秀。

（2）轨迹论，赢在起点。90后感受到在同龄人中竞争和分化的占75.9%，因好差学校感到分化的占71.4%，因家庭背景感受到分化的占72.9%。即便那些以为赢在起点的人，实质上还是输了一辈子。

（3）登山论，千万条路径，千万种方式，适合每个人的最佳方式是不同的。另外当今流行的功利、浮躁、贪婪等"文明病"也在左右着我们对孩子的教育。

在孩子的学习问题上，家长要知道一点：让孩子爱学习比要求孩子学习重要。然而玩就是孩子最有效的学习，至于让孩子怎么玩是家长需要考虑的事情，其实每个孩子都有表现欲，都想把自己的角色做好。家长要在活动中培养孩子的责任心、合作精神、兴趣、爱好等，帮助孩子在活动中体验遵守规则、克服困难、对自己的行为负责，引导他们懂得他人对自己完成某项活动的重要性。一旦孩子有了自己的行为准则，就不需要别人监督了。

另外，家长除了要引导孩子的学习外，还要注重孩子的道德发展，它包括六个阶段：

第一阶段，我不想惹麻烦——靠惩罚起作用；

第二阶段，我想要奖赏——靠贿赂起作用；

第三阶段，我想取悦于某个人——靠魅力起作用；

第四阶段，我要遵守规则——靠自律起作用；

第五阶段，我能体贴人——靠仁爱之心起作用；

第六阶段，我奉行既定的准则——靠境界起作用。

美国传奇教师雷夫说过，着力于孩子的品格培养，激发孩子对自身的高要求才是成就孩子一生的根本。

家长要教导孩子：任何事都要从小事做起，这样做大事才能落到实处。让他们从生活自理开始自我管理、自我服务、自我教育，学会与他人协商、共享。依据教育规律，学习自主管理是孩子自主发展的一个重要部分，它既是有效的教育，也是有效的社会治理。自治有助于学生发现自己的价值，发展自身潜力，确立自我发展目标，形成适应社会发展和推动个体与社会共同发展的意识和能力，从而培养出身心健全的人。

家庭教育立法，尚需过几道坎

全国妇联举行的家庭教育立法课题研讨会上透露，有关方面正在推动家庭教育立法进程。立法能否有效纠正家庭教育出现的偏差？它是否在目前的社会环境下具有可行性呢？如何把握好法律介入的度，可能才是家庭教育立法能否起到实效的关键。

以法的形式规范家庭教育的想法在中国已存在百余年了。最近十余年，对家庭教育立法的呼声又起。随着一些与家庭教育相关的恶性事件发生，这种呼声越来越高。

家庭教育立法在中国内地依然有几道坎。

首先是整个社会的法治环境尚不成熟。两年前本人参加全国人大关于四部教育法修改的讨论，有位专家在会上说了句很实在却又尴尬的话："我做了几十年的教育工作，却从来没有用过这些教育法。"当下社会，依然是使用行政指令多于法律执行。就是那些法律条文，也写得与行政文件差不多，只有原则性缺乏操作性，责权主体不明，遇到问题时弃之可惜用之无效。在这种环境里，法律就是根救不起命的稻草，《家庭教育法》又何能超出其外。

可以作为参考的是，中国政府签署《儿童权利公约》已20多年了，《未成年人保护法》也颁布多年，儿童权利保障的状况却长久以来不尽如人意，再颁布一部《家庭教育法》就能解决问题吗？如此想法过于简单。

最为头痛的还是现有诸多法律条文的执法主体不明，以致违法事件发生后无人执法。比如违反《义务教育法》的事件在各地大量发生，而且多数情况下就是政府违法，还证据确凿，却一直没有人追究责任。在这种情况下，即便颁布了《家庭教育法》，是否会有足够的执法人力来保障它实施，谁又能保证它的有效实行呢？

其次，中国家庭的经济条件差别巨大，城乡之间家庭教育的问题各不相同，对孩子教育到什么程度才符合法律规范，在实践中需要大量调查作基础才能作出界定。比如，现在的大量留守儿童，显然他们的父母未尽到教育责任，而这些父母又是在自身生存难以保障的情况下离家远行的，城市入学的高门槛也在一定程度上隔开了务工人员和他们子女的亲近机会，对留守儿童的家庭造成困难，这个板子又该打到谁的身上？在这些问题未解决前，法律条文如何定？

一些地方所颁布的家庭教育条例中要求"父母及监护人应将未成年子女带在身边共同生活，并要求各级学校接收流动人口子女"，这种表述的口气还是行政指令而非法律条文，如果依据这样的方式立《家庭教育法》，所立的还是似法却非法，不伦不类。在执行中不得不考虑的是：父母并非不知道将孩子带在身边教育的重要性，并非不想把孩子带在身边，但往往外出打工的生活条件恶劣照顾不了孩子，又怎样对六千万留守儿童的家长进行惩罚呢？

再者，家庭教育立法推进中常用的理由是："在现代社会，国家不能在家庭教育中缺席。"这里需要搞清楚具体的国家和家庭状态如何。在政府职员还不习惯依法执政的情况下，他们将会怎样介入家庭教育，他们会不会以另一种暴力形式来阻止家庭暴力？这也值得忧虑。

从某种意义上说，家庭暴力是社会暴力在家庭的延伸，一位经受过暴力又很少过有尊严生活的家长，如果他有家庭暴力行为，仅靠他人的干预是难以杜绝的。有调查显示：近七成儿童曾经遭受过家庭暴力；54%的人承认自己在中小学阶段经历过家长的体罚，高达被体罚总数的71.38%。体罚的形式以父母手打脚踢为最多，占到88%，借助工具，如棍棒、皮带、衣架等实施暴力的占1.6%。追溯这些父母当年所生活的社会，暴力文化浓厚不能不说是其重要原因，以法律的方式解决家庭教育中的文化问题，还不如以文化的方式解决文化的问题，再以法律的方式解决法律的问题。

确实，发达国家普遍把促进家庭教育健康发展当作政府的责任和义务，通过制定相关法律或成立"家庭问题委员会"等形式，建立了完备的家庭教育体系,如果父母被指控对孩子"严重忽视",则等同于虐待罪将受严惩。而在中国的一些地区,政府对当地居民的基本生存、生产和就业问题都尚未顾得上,要他们对家庭教育负责无异于水中捞月。

家庭教育中更深层次的专业和观念问题,更是难以以法律手段解决。只有改变了环境,父母的专业素养和行为方式改善了,孩子家庭教育的问题才能获得润物细无声的解决。如断然以法律的方式解决,还可能给孩子幼小心灵留下伤痕。专业、民主的教育才是最科学的家庭教育方式,具有一定素养的家长才能领会到,并对孩子表示理解和尊重,而并非有了法规就能改变。

也就是说,家庭教育立法需要适当的社会条件作支持,需要政府的法治意识和能力提高作基础,需要家长素养和经济条件作根基,也需要立法者自身的专业积累作铺垫。

当然,尽管有这么多的坎,积极推进家庭教育立法依然时不我待。但千万不要期望"单科独进",不要对家庭教育立法寄予过高的期望。要看到它是整个社会法治进程的一部分,甚至是很微小的一部分,必须在推动整个社会法治进程的过程中解决这些问题。

数学需要解放，而非"滚出"高考

北京中高考改革方案征求意见过程中，有网民认为数学难度太大，与日常生活严重脱节，建议不再列入高考科目。更有网民诉说自己在高考中为数学所虐的往事，直呼应让数学"滚出"高考。新浪微博上关于"数学滚出高考"的调查显示，17万参与投票的网民中有13万人支持"数学滚出高考"，大约占75%。

接着有论者认为"不如让高考滚出数学"。其认为，恰恰是在"分分必争"的高考实战中，数学从"大脑的体操"变成"大脑的酷刑"。

这"滚来滚去"的局面让我想起，在太原火车站候车时我与一位60岁左右的老人攀谈的经历。我问："你戴着毛泽东像章，对他了解多少？"他答："他是神，保佑我的。"我问："他哪年出生的？"他答："一九二几年吧。"我问："他哪年去世的？"他答："一九八几年吧。"我问："像您这么大年纪的人，毛泽东哪年去世的，应该印象很深刻吧？"他答："当然，是1985年。"我问："您上过多少年学？"他答："小学，七八年吧。"我问："小学怎么上了七八年呢？"他答："戴帽的。"我问："既然是戴帽的，那应该是初中吧？"他答："是初中，因为没学到啥，所以我说是小学。"（编注："文革"时期一些地方在小学基础上增设的初中、高中，被称为"戴帽中学"。）

这段对话，多少能反映出当下中国出现"滚来滚去"局面的历史根源。正是一段时期的这种教育，在某种程度上催生了当下的考试、考民，也催生了当下的网络世界和网民，以及他们所发出的"滚""滚"声。

民间说一个人无知时，常用"不识数"这个词表达。这说明对"数"的概念是否清晰，是一个人基本素养优劣的标志。数学对人的逻辑思维以及思维方法的训练是很有帮助的，一个人的正常成长离不开对数学的学习。历次中国公民科学素质调查表明，中国公民科学素质与世界其他国家相比，还有较大差距，大多数公民对基本科学知识了解程度较低，在科学精神、科学思想和科学方法等方面更为欠缺，一些不科学的观念和行为普遍存在，愚昧迷信在某些地区较为盛行。中国公民科学素质调查结果表明，2007年中国具备基本科学素养的公民比例为2.25%，到2010年，该比例达到3.27%。而美国1995年具备基本科学素养的公众比例即达12%，欧盟1992年该比例即达5%，加拿大1989年该比例即达4%，日本1991年该比例即达3%。这样的科学素养差距，必然反映到社会的方方面面。与这一数据相比，有25%的网民反对将数学踢出高考，反倒是一个令人欣喜的数据。

通过中国政府在2006年发布的《全民科学素质行动计划纲要（2006—2010—2020年）》中对基本科学素质的界定，也许更能明了数学在人的素质培养方面的作用。它的表述为："了解必要的科学技术知识、掌握基本的科学方法、树立科学思想、崇尚科学精神，并且具有一定的应用它们处理实际问题、参与公共事务的能力。"

上述表述通常被称为"四科两能力"，后来，它又被扩展为"六科四层次"。"六科"即：科学知识、科学方法、科学思想、科学精神、科学与社会、科学发展观；"四层次"包括：生存的科学素质、生活的科学素质、文化的科学素质以及参与公共事务的科学素质。公民科学素质是联系自然、社会和人的纽带，公民科学素质的提升，需要以科学知识的丰富为前提，更需要科学方法的掌握、科学思维的运用、科学思想的滋润和科学精神的发挥，这些几乎都无法与数学分开。

既然数学对个人素质以及生活质量的提升如此重要，为什么还有那么多人对它"耿耿于怀"呢？问题在于，高考体制基于"分分必争"的逻辑，从而使数学教学仅以追求分数为目标。具体表现有以下几点。首先，把具有迷人结构和学科体系的数学拆分成一个个要解答的数学题，就如数学家丘成桐在与某中学一些数学尖子生见面后所言："大多数学生对数学根本没有清晰的概念，只是做题的机器，这样的教育体系，难以培养出数学人才。"其次，与生活密切相连的数学很大程度上变为与生活脱离的考试工具，数学教学于升学的加分功能，远远高于它对个体素质和生活质量提升的功能。最后，一些教学者为了筛选出能考高分的学生，往往无所不用其极，用"偏难怪"的题目去考学生，却使更多学生无法跟上正常学习进度。

由此看来，人们所深恶痛绝的，其实是为不科学的教学方法所绑架的数学，真正需要解放的不仅是数学，还有列在高考中的其他一些科目。那些动口就要"滚"的人，其实是在意识中分割出过多的疆界，是自身思想浅狭的表现。高考招生体制改革的要义，一方面是要依托学生的天性，为学生成长发展服务；另一方面是要依据各门学科的体系和规律，在不违背其内在逻辑的基础上，让学生尽可能学到各学科内在的精神实质。简言之，就是要将现在有着较强"指挥棒"功能的高考转变为具有"服务器"功能的高考，为学生的成长发展服务。

至于有人认为文科生学数学没用，或认为很多高难度的数学知识在今后的日常生活中根本用不到，这本身就是仅仅把数学当成一种知识的想法，没有意识到数学也是能力，意味着一种严谨、精确和美感。事实上，数学会体现为人的综合素质。如果民众从小学习数学，多年后不知方位的路盲、常说"差不多"和"或许"的"笼统先生"的数量就会少很多。就如同本人原本学习物理专业，现在研究近于"人理"的教育，可能用不到当时学到的具体的物理知识，但物理学的理性、客观、逻辑、复杂、美感等各种特征，还是使我具备那些只有教育学背景的学者们所难以具备的研究素养。

一个真正学好数学的人，至少看问题会更加深刻、辩证、理性。他不会仅看到有形的有用，而看不到无形的或形而上的无用之大用，也不会过于偏激。

当前幼儿教育层次低,急需"百花齐放"

幼儿教育是各级教育中最为复杂的一段,也是发展不充分的一段,提高专业性,增加多样性是当前发展的突出需要。

一、学前教育说法不准,幼儿教育当是独立阶段教育

幼儿教育的基本属性是基础教育,是教育的一个独立阶段。它能够对孩子进行教育,但教育的内容不是让孩子识字、读书,也不是让孩子学数学和拼音。幼儿园的重要活动应该是做游戏,根据每个孩子不同的兴趣、不同的爱好去做游戏。

幼儿教育是有社会补偿性的,发展得好,能解决一系列的社会问题,促进社会融合。当前社会贫富分化严重,怎么解决?我认为幼儿教育是个很好的办法,幼儿阶段不论穷富,孩子们都能在一起成长,通过保障教育的起点公平而打破贫困的代际循环,从而促进社会公平和融合,这是幼儿园的一大功能。不过,现实中我们看到的情况恰恰不是这样,现在有人总结说"有权的进公办园,有钱的进私立园,没权没钱的进黑园",这种情况下,幼儿园难以发挥其补偿作用和融合作用。

幼儿教育的另外一个重要属性是它的公益性,这决定了政府、家庭和社会对幼儿教育都有责任,政府尤其不可轻视自己的责任。建立适合中国社会经济发展水平的责任共担机制,是当前我国幼儿教育发展急需解决好的现实问题。

不少人有一种错觉,以为高等教育比幼儿教育高深复杂。其实恰恰相

反,"人生百年,立于幼学",幼儿教育远比其他阶段教育更为深奥、微妙和复杂。文艺复兴时期法国人文主义学者蒙田认为,人类学问中最困难而又最重要的一门就是儿童的教育。幼儿教育本身的复杂性和微妙性,决定了它虽然有远古的起点,至今依然没有迈出它的幼年期。直到现在,我们对幼儿发展及教育的认识依然是极其有限的。

二、幼儿教育层次低,"看孩子"与"小学化"现象严重

从第一期学前教育三年行动计划的效果来看,确实解决了不少问题,全国幼儿园数量总量增加的同时,结构上也有了变化。欧洲等西方国家的幼儿教育是先由工厂办起来,然后由社会各个阶层接受的。而中国幼儿教育的发展顺序是:从大城市到农村,从大机关的幼儿园到工人幼儿园,从沿海到内地。这就导致幼儿教育发展差距明显。第一期三年行动计划是沿着这个路径改革,在一定程度上缩小了这个差距。

为什么要启动第二个三年行动计划?主要原因还是当前幼儿园现状仍面临两个深层次问题:普及和公平。二期行动说到2016年全国学前教育的毛入园率达到75%,但实际上,目前在北京等大城市、东部地区以及县城的入园率已经达到90%以上,问题在于西部地区和农村地区,部分毛入园率甚至低于30%。现在,各个地方都存在大量的"黑园",所谓"黑园",就是没有经过政府认可的幼儿园。为什么大家知道是"黑园"还是把小孩往里面送?很大一部分原因就是幼儿园不够普及,是没办法的办法。

第二个是公平远没有实现。其一,现在很多好幼儿园收费高,一般家庭的孩子难进入。对家庭条件困难的小孩,甚至上一个普通幼儿园都很难,入园消费在家庭整体消费中占比很高。其二,幼儿园分布不均,有些社区附近没有幼儿园,适龄儿童入园成本很高。为解决这个问题,有些地方建立了大型寄宿幼儿园,但这种幼儿园往往处于"看孩子"阶段。举个例子,有一次我去一个幼儿园了解情况,进到一个教室,里面有80多个孩子,还有明显的尿骚味。孩子们坐得端端正正,手都背在后面。与其把孩子送到这样的幼儿园,不如放在家里。所以,幼儿园的建设还是要靠近社区,正常的规律是

哪里有社区哪里就该有幼儿园，而不是哪里有幼儿园，哪里就房价贵。这里还涉及一个公办园的稀缺性。我们总讲入园难，但这个难不是入一般的幼儿园难，而是进公办幼儿园难。按照目前的政策，就是对公办园什么都补，而对私立园什么都没有，所以家长们都希望把小孩送到公办的幼儿园去。幼儿教育的不公平导致不同阶层的群体进入不同的幼儿园，严重损害了幼儿教育融合性的特点，容易引起社会分裂。

从幼儿教育的内容上来看，除了上述提到的幼儿教育尚处"看孩子"阶段外，还有一个较为突出的问题——"小学化"现象严重。在当前应试教育的大背景下，部分优质小学在"幼升小"时进行入学考试，入学压力使得很多幼儿园提前进行小学阶段的教育。再加上当前幼师群体层次相对较低，在教学中常常将小学的教学模式带入幼儿园，导致幼儿教育小学化。造成的后果就是：把文化知识作为幼儿的主要学习内容，要求幼儿学习拼音、算数、汉字等；在教育方法上，以知识讲授代替活动与游戏，甚至布置大量单调、枯燥的作业；在教育评价上，重视结果疏于过程，主要考核学生学会了多少知识和技能。"小学化"现象严重，极大地抑制了幼儿的个性与社会性的培养。

三、幼儿教育需政府、社会力量共同参与，各式幼儿教育百花齐放

要改变上面所说的幼儿教育的诸多问题，第一个要做的就是明确政府的职责。多年以来，我国政府投入的幼儿教育经费占全国教育经费的比例一直徘徊在1.3%左右，现在提升了一点，在3%左右，但仍然很低，这个占比应该在9%～10%之间。一些调查显示，我国幼儿教育经费总收入来自家长的占80%，家庭是当前公共幼儿教育经费的主要责任承担者。在一些地方和一些幼儿园，家庭几乎是幼儿教育经费的全部责任承担者。针对这个情况，有人就提出政府应该出钱建设更多的公办幼儿园。但实际上，大力发展公办园并不能解决问题，必须有多样性，保证私立园的权利。不论是从办学主体还是办学层次上，各式幼儿教育应当百花齐放。

就政府投入而言，应该重点在农村和西部地区大力发展公办园。从世界范围来看，公办园真正该招收的乃是社会底层家庭的子弟。但目前我们的情况是，政府70%的经费都投入到公办园去了，还主要集中在城市城镇里公办的机关园，特别是示范园。相反，相对落后的西部地区、农村地区投入却很少，即使西部地区内部，也是县级的幼儿园有投入，乡镇以下的几乎很少，都是底层老百姓自己掏钱。有一个调查就说，县级幼儿园政府拨款的投入占60%多，而乡镇幼儿园只有17%，更不用说村办了。所以，政府投入这一快应该按照目前幼儿教育现状去扶弱，对西部地区和农村地区采取补偿措施。而在城市和东部地区，政府则应该以购买公共服务的方式，鼓励社会力量参与办园。

第二，要鼓励社会力量来参与办园。当前私立幼儿园两极化趋势明显，差的很差，好的又很贵。现在大家吐槽幼儿园收费高，原因在哪里？就是当前的政策让私立幼儿园没有安全感和稳定感。政府发展公办园，会形成对私立园的一个挤压效应。所以很多私立园投资几十万元办了以后，往往急着收回成本，那谁来支付？往往就是家长。所以，要想让私立园有安全感，能够长久地办下去，真正为幼儿教育分流，就需要保证那些合格的私立园也能得到政府的资助，比如按照人头来资助等。要确保把钱用在幼儿教育的发展上面，而不是按照公立、私立来区分，钱最后进的是幼儿园的口袋。唯有如此，才能吸引更多的社会力量来参与其中。

独立教师这个群体，到底能发展多快

通常所说的"独立教师"指那些不在形式化学校从教，独立施行教学的教师，在学校未产生之前即存在，历史上也以各不相同的方式出现。互联网给此类教师的出现创造了新的条件。

一、独立教师的出现，不意味着学校很快就消亡

互联网给了那些善于利用互联网的人更大的发挥空间，却会相对压缩那些不善于利用互联网的人的行为传播与发挥作用的空间，在教师行业也是如此。在不少教师还不太会或不太愿意使用网络的时候，少数老师已经开始感到学校的围墙成为自己的能力有效利用互联网来发挥的障碍，近些年出现了"独立教师"或"在线独立教师"，这个群体借助在线教育平台正在悄悄壮大。

在人类教育的历史上，独立教师原本是常态。教育发展历史的原貌就是先有单个的教师，然后才有学校。尽管当时不用独立教师这个称谓，每个教师都是依据自己对教育的理解独立进行教学的。然后，在庞大的学校体系里，教师要成为其中分层分级分科的一分子才能工作。

所以，对当下出现的独立教师不必过于惊诧，或可将它理解为信息化社会互联网技术带来的教学方式的深刻变革，或可将它理解为信息技术发展引发的教育教学方式的回归。

但这并不意味着形式化、制度化的学校很快就要消亡，而是说在相当长的一段时间里，这两种方式将并存、互补。这两种方式支撑体系不同，满足

对象的需求不同，能实现的教学功能不同，这些都决定着新出现的独立教师不只会应运而生，还可能会继续发展，但到底能发展多快，又是由多重因素决定的。

二、教师独立之后能否生存，需要很多条件

最为直接的因素是"独立"之后能否生存。互联网时代仅是在过去已有基础上多了一个技术条件，一位教师独立之后能否生存事实上还需要更多的条件。

第一个条件还是社会的思想意识，它决定着是否有人愿意成为独立教师的用户。

第二个条件是独立教师是否真的具有相对体系内的教师的相对优势。

第三个条件是相关的法规和政府的政策是否真的预留了独立教师生存的空间。

如果这些条件都有，独立教师就能够独立行走。

事实上，在其他国家上述第一条和第三条都已经没有问题，但是由于其存在较为专业的学校管理体系，即便在学校内部，学生学习的自主性和教师教学的自主权也能得到较高程度的尊重，从而决定了即便有了互联网，也不会在短期内出现大量独立教师。不少优秀教师还是期望借助现有的学校体系这个"巢"来把自己的教育教学专业能力发挥出来。

三、独立教师是否会流行，决定性因素在学校

由此看来，在中国独立教师是否会流行起来，互联网的发展仅仅是外部条件，其最原始的动因和决定性因素还在于现有的学校管理体系。能够证明这个管理体系是产生独立教师条件的是，在一些地方出现个别独立教师现象的时候，现有教育体系的管理中就有人发出需要严惩之类的不包容的声音。

现有教育管理体系内部越是有较强的对独立教师不包容的声音，越是说明管理体制自身存在局限，就越有可能产生更多的独立教师，独立教师就越

有可能流行起来。当然也可能相关的管理者采取强行措施，让独立教师寸步难行，或走不了多远。其结果只会让有相应需求的人选择用脚投票，使得体系内的学校进一步降低自身的信誉。

从管理角度看，真正不想让更多的独立教师产生的办法就是筑好现有教育体系这个"巢"，不断提高它的专业性，让它具有多样性和包容性，让它能够容得下有思想、有个性的多样性的教师，满足学生多样性的求学需求。这是世界各国通用的做法。

教师在一定程度上是现有教育管理体制的检验者，当然不必削足适履，完全可以在有充足思考和准备后，自主决定是否要为了实现自己的教育理想和创造价值的成就感而选择去做独立教师。如果教师不能依据自己的感受作出自主选择，则不只是贻误了自己，也使得原本就不良的学校管理体系对自己发生误判，它将因为没有人真实地表达出对其劣势的认知而一天天烂下去。

快乐仅是浮标，生活需要安根

大量在学阶段的孩子不快乐，这是一个基本事实，于是就有人提出实行快乐教育。20多年来，我一直保持着与这些实践者的交往，他们的基本做法无外乎发现孩子的优点或闪光点，给予积极鼓励，增添孩子的快乐，让孩子在愉悦中成长发展。这相对于那些只揪住孩子的缺点不放的教育方式，有一定的合理性。

然而，这种做法的多年实施，并未大面积地让孩子们快乐起来，反倒是近年来有越来越多的孩子没有童年，越来越不快乐。这说明这种做法并未找对引发孩子不快乐的真实与系统性原因。

挖出当下引起孩子不快乐的系统性的根子才是教育上急需解决的真问题。对此不同的人有不同的理解，有人作过专业研究，作过量化分析，但众多人依然就事论事，所找到的仅是一些影响因素，而非真正的主要原因。依据我30多年的调查与感悟，感到问题的总根源在于师生缺少自主性、教育缺少专业性。

由于师生不自主，做了不少并非他们自愿做的事，需要做很多并非经过他们自主选择的事，他们只是别人编好的剧本中的演员，校长、教师、学生都戴着假面具在那里演，演得好不好的标准也是别人定的，于是学习生活中增添了大量不快乐的成分，做了大量无用功，最终难以成为最好的自己，不快乐就此因因果果，不断积累滋生。

由于不专业，该让孩子负责的时候没让他负责，该让孩子吃苦的时候没有让他吃苦，该让孩子磨炼的时候更没有磨炼。教师应该有的惩戒权也无法实施，学生正需勤俭成长的时候却受到过度溺爱而患上富贵病，于是教育陷入低水平重复的"苦海",长时间难以自拔,这样的苦就会蔓延到参与其中的所有人。于是不仅真正优秀有人格操守的教师不快乐,也使得孩子由于难以有机会受到良师的点化,而难以逃出"苦海"。

无视"苦"的系统性根源,为了追求快乐而实施的快乐教育,或为了追求学业或其他方面良好效果而实施的严酷教育都未必能达到各自的目的。因为他们所追的都是末,并未抓住根本。

进一步追寻这个"本",就是长期以来超越行政有效性范围的行政权力对教育具体事务的过度干预。这种干预主要通过管理和评价两只手,让师生的主体性靠边站,让专业的自主性靠边站。当一种权力在它不熟悉、不了解的专业领域强行僭越发挥作用的时候,必然给这个领域的相关当事人带来不快乐,甚至带来不可逆的伤害。不解决这个系统性的问题,任何快乐教育和试图回归传统的严格教育都不会结下好果子。

那么,给了学生和专业人员足够的自主,是否就可以完全消除痛苦,只剩下快乐呢?当然不会。

现实中的任何一种存在都是多面的,对于一个人来说,喜怒哀乐并存是常态,把快乐极度夸大,或试图只想让孩子快乐,只会走向一个极端。也许你能给孩子当下的快乐,却不免为他的未来埋下悲伤的种子;也许你能在一件事上让孩子快乐,却会引发他在另一件事上的烦恼。

因此,教育不能把快乐当作目标,这与教育自身的特质是不相符的。教育的真实目标是人的成长,在成长的过程中,自然带有快乐,也自然带有烦恼甚至痛苦的体验。对这种自然附着在成长过程中的痛苦,没有必要消除;若画蛇添足地去消除它,则可能因成长过程的缺陷,导致人生发展结果的不完善。

在孩子的成长过程中,面对他们的快乐与痛苦,需要作出专业的判断。那些强制别人快乐、强令别人减负,所能给予人的仅是无根的瞬间感受,未必不是害人。

中小学适度规模是科学发展的必要条件

2009年12月7日晚自习下课之际,湖南省湘乡市育才中学发生学生踩踏事件,共造成8名学生遇难,26人受伤。

近年来,学校踩踏事故多次发生,造成惨痛事故的原因是多方面的,其中一个重要的原因就是近些年中小学校在急功近利观念的驱使下办学规模过大。发生事故的湘乡育才中学不仅是学校规模过大,共有52个班,而且该校每个班平均有70多个孩子,最多的达到了85人,大大超出国家教育部门确定的每个班学生应该在40人到50人之间的标准。

一、中小学规模过大使安全系数大大降低

中小学规模过大是近些年各地出现的新情况。近些年,全国各地都在开展中小学的布局调整,由于在调整中未确定科学的中小学校规模标准,各地为了节省资金,较多地倾向于集中财力办名校,办大校,因而出现了大量修建超大规模的集中办学式学校。不少县一次投入数亿元建一所超规模学校。

布局调整本身改变了城乡教育的需求关系。我在黑龙江省调查时发现,某乡建立起全乡唯一的一所义务教育学校,同时撤销原有的各村级学校教学点。按当地人口统计,学校按每个年级3个班的规模设计,新建的校舍宽敞得很。然而2008年新学期,一年级仅有17名学生报到。原因是多数家长认为,与其送孩子到数十里外的乡里的学校住宿上学,还不如直接送到城里的学校上学,以致越来越多的农村家长在孩子得不到就近入学的方便之后,被迫自己当陪读,将孩子送到县城以上的城市就学,使得县城以上学校处于超

负荷状态，班额和班级规模失控。

目前，中小学中的超级大班已成为基础教育的大难题。据2008年年底的统计数据显示，全国有2/3以上的学生在超额大班中就读。超额大班在全国县城学校教学业绩较好的学校中成为普遍现象，有的地方还有120多人的超级大班，而且在众多的城市学校中还存在任意增加班数的现象。① 北京教科院的调查显示，北京处于适宜规模范围内的中小学校不足一半，其中完中和高中校超规模办学的问题最为突出，四成完全中学规模超大。按照北京市颁布的办学条件标准，适宜的办学规模是：小学班级总数在12到24个班，初中班级总数在18到30个班。小学高于24个班、初中高于30个班则属高于适宜规模。依据这样的标准，42%的初高中一体的完全中学，19%的九年一贯制学校，14%的小学，都属于超规模办学。北京市海淀区一项调查显示，拥有学生超3000人的"巨无霸"小学近10所。②

显然，学生人数的过于集中是事故的导火索之一。据不完全统计，从2002年至今已有25起学生踩踏事故发生，其中以2005年的7起为高发期。2005年底，教育部发布紧急通报，要求采取措施。此后两年事故略有下降。2009年又有5起学生踩踏事故，显示出与学校和班级规模过大直接相关。

由于教师难以匹配，规模超大学校造成新的班与班之间教学质量不均衡现象。超大班额和过大学校规模直接造成学校的教学质量难以保证，越来越多的学生成长和发展的要求难以得到有效满足；同时学校的安全隐患增大。解决这些问题仅仅靠一般意义的增强安全意识、采取安全措施、开设安全课程是难以真正发挥作用的，因为校舍及相关硬件和教师注意范围都有难以改变的最大域限值。因此必须将上述措施与消除超大班额和过大学校结合起来，才能使安全问题得到切实解决。中小学要适度规模才能提高办学质量，才能满足学生各自不同的需求，才能提高安全系数。

---

① 赵杰洪. 大学校如何护保小生命[N]. 南方日报，2009-12-10.
② 罗宏德. 北京超三成中小学"超规模"资源不均是主因[N]. 北京晨报，2009-12-09.

二、适度规模才能有效保障每个学生的学习权利

中小学校规模过大对教育的更大危害不在于安全,而在于多数学生的学习权利难以获得有效保障。中小学规模和班额对中小学教育教学效果以及满足不同学生成长发展需求的程度产生直接影响。

班级和学校规模直接影响教师对学生的教育观照度以及学校管理的有效性,也影响课堂管理、教学效果、学校氛围、学业成绩以及学生的参与度、归属感、人际关系。因此,目前班级规模是影响九年义务教育质量的重要因素之一。十余年来,乡镇以上的中小学班额普遍过大已成为基础教育的特征之一。县城里这种现象尤为突出,初中大班额的现象尤为严重。但长期以来,学校规模和班级规模一直未引起相关部门的重视,也没有得到合理妥善的解决,成为学生成长发展的需求得以满足和整体提高教育质量的瓶颈。在这方面其他国家已经有十分有价值的历史先例。[1]

美国的一些教育专家经过调查研究发现,学校规模过大会带来诸多问题,最显著的就是校园内人际关系的疏离和行政的僵化。规模过大还与辍学率升高、学生学业成绩下降、师生关系和学生间人际关系水平下降、学生社会行为恶化等方面都有一定的关系。美国曾有一批在校生规模达2000人甚至更多的中学,在多年的实践中发现,学生人数过多,教师难以为每个学生提供足够的帮助,学校管理也有困难,教育质量难以提高。20世纪80年代以来,美国的中等学校出现了学校规模缩小的趋势,部分地区还兴起了中等学校"小学校化"运动,许多大规模的学校都试着拆分为小学校。Walberg(1994)认为在美国关于学校规模的研究已表明,"小的就是好的"的理论已成主流。关于中等学校适度规模的研究并未达成一致,其变化幅度在300~900人之间,美国卡耐基基金会和国家中学校长联合会发表的联合声明认为,高中在校生规模不要超过600人。

美国学者的研究还指出,学校规模的大小,不同经济发展水平的地区的要求是不一样的:农村地区的学校规模要小一些,而城市地区的学校规模

---

[1] 马晓强.关于我国普通高中教育办学规模的几个问题[J].教育与经济,2003(3).

可以大一些。1996年Lee和Smith的研究表明，贫困对学校成就的负面影响是显著的。但在少于301个学生的学校里这种负面影响显然减少了，而在校生规模为600～900人的高中学校的综合成绩最高。Noan Fridkin和Juan Necocheal 1998年在加利福尼亚的研究表明：贫困地区小型化的学校有利于学生学业成绩的提高，而发达地区却是较大型的学校有利于学生学业成绩的提高。在政策决策方面，佛罗里达立法机关要求对学校的规模实行上限规定，一些基金会也出资资助贫困地区创办小型学校。

日本在20世纪80年代提出的基础教育改革方案中也要求消除规模过大学校。规模过大学校的标准是班级数大于31个，消除的办法是促进规模过大学校分离。日本政府从1986年起用5年时间，计划实施消除规模过大学校，增加学校用地费补助，以促使中小学规模过大的学校迅速减少。日本的学校班级定员一般在40～45人，因此它的中小学规模控制在1200～1400人。从1980年到1987年间，规模过大学校的比例从7%减少到3.5%，成效相当显著。

自2000年以来，我国各地打着建示范学校的旗子，投入巨资建大规模的中小学，加剧了教育的不均衡，通过规模扩张使相对优势学校在校学生剧增，教育主管部门缺乏对办学规模的评估和管理。[①] 由于各地实行了多年的示范校、重点校及相关政策，学校规模不对称不均衡扩张已成为社会各界关注的热点。

适度办学规模是中小学发展的最优选择，然而在示范高中评估方案中曾明确规定了示范高中的基本规模：要求班数不少于18个，每班不少于50人，校均在校生数要求达到900人规模。[②] 这对于提高普通高中的办学规模效能起到了一定的作用。

但以这种"不少于"的方式作出的规定加剧了不平衡性，助长了办学规模追求大型化的趋势，一些学校的规模扩大到3000人以上，有的已经达到

---

① 刘凯.创建示范性高中不利于欠发达地区县域高中教育的均衡发展[J].中小学管理，2005（12）.
② 同上。

5000人以上。这种超大规模学校的出现，隐藏着规模不经济的危机。因此，在设置最低规模标准的同时还要设置学校规模的上限。

已有的办学规模的研究仅是借用经济学中的规模经济的研究体系来分析教育的规模问题，通过对教育机构中单位成本和教育效率的考察反映教育资源的利用效率。若资源被利用得不充分，此时增加学生数量不会带来额外的成本，这时就称之为规模经济；反之，由于学生数量的增加带来额外的成本则称之为规模不经济。即便从经济角度考察，过大规模的学校也属于规模不经济，然而，教育的特性决定着仅从经济角度确定学校的适度规模是不完整的，还应该将规模扩张与学生学业成绩、辍学率、师生关系、学校管理、相关学校平等关系，以及区域内教育的公平与均衡等多方面结合起来加以评估，严格限制规模过大的学校。尤其要防止以牺牲其他学校的发展为代价，以争夺优秀生源和师资为手段和目的的学校规模扩张。

国际上，除教育经济学视角外，教育政治学、教育人类学和教育的可持续发展理论都对学校规模问题展开了深入的研究。多学科的综合研究表明：学校适度规模，即学校拥有恰好可以使资源获得充分与适当的运用而又不衍生人际关系疏离与行政僵化等弊端的适当学生人数成为当前教育规模研究的共识。从管理角度看，学校规模必须在有效管理的域限之内；从教学角度看，班级规模直接影响教学环境、教学过程、教学方式、教学内容，必须在教师能够实行有效关照的范围内；从评价角度看，学校和班级规模直接影响以什么样的标准评价学生，以什么样的方式评价教学，从而影响学生的成绩和成长，必须保证依据学生个性的多样保持评价的多样性；从社会学角度看，中小学校与班级规模直接影响教育机会均等、教育过程公平、教育效果公平、教育权益保障，过大规模必然造成对部分学生的不公平。

参照国际的研究和经验，考虑中国现有学校的实际，义务教育阶段千人以下的规模比较适中，高中阶段校均办学规模为1000～1500人较为适中。根据我长期实地调查的经验，从教育角度看，幼儿园应为3～4个平行班，小学应为3～5个平行班，初中应为4～6个平行班，高中应为5～8个平行班是比较理想的适度规模，农村地区学校可适当减小，真正实现适度规模又必须在各校之间均衡，在一个区域内形成两校或三校均衡平等竞争的态势。这需要各地有一个系统的规划和政策，更有利于当地的教育发展。希望各地以沉痛教训为戒，消除功利思想，尽快将超大规模的中小学改造成适度规模的学校，以尊重生命，尊重教育规律，尊重学生成长发展的需求和规律。

三、不均衡是中小学规模过大的推手

形成目前中小学学校规模过大的主要原因是教育资源不均衡，尤其是师资不均衡。它造成越来越多的学生涌向城区学校，农村学校规模减小，优质学校供不应求，使得一些学校班额超标，导致"巨大校"和"超大班"的无序扩张，城区尤为突出。在初中阶段，优质教育资源多集中在完全中学，导致完中超规模比例较大。

北京市就有两所相距不远的小学，一所超大校学生多到100多个教学班，而另外一所薄弱校的学生少到只有两个教学班，每班学生仅约30名。即使把前者的教学班数去掉零头，缩减为100，前者也是后者的50倍。择校热强力推动了大班额和大学校的产生。徐州市曾有三所重点中学，由于当地对不同学校采取不同的政策，家长都挤向徐州一中，从而导致当地学校生态的不均衡状态加剧，一些原本教学业绩不错的学校面临招不到学生的状况。

城乡教育失衡是造成我国中小学班级规模问题的直接因素，湘乡踩踏事故背后即折射出"以名校办民校"导致过度集中优质教育资源必然衍生学校学生超编问题。湘乡市委提供的材料显示，育才中学始建于1997年6月，是一所经湘潭市教育局审批的全日制民办中学，52个班级，共有学生3626人。尽管育才中学是私立学校，但其与毛泽东母校、公立中学东山学校渊源颇深。1997年，时任东山学校校长的刘伟庚，与社会上几个朋友集资设立育才中学。"成立之初，育才中学肯定要靠着东山学校。"

一名在东山学校工作了30多年的语文老师告诉我，刘伟庚当时从征地到招生，都是打着东山学校的牌子，包括贷款建设教学大楼等，都是以东山学校的名义运作。刘还利用东山学校校长的便利，要求一些东山学校的民办

教师到育才中学兼课。由于20世纪90年代初东山学校已经撤销初中部，因此育才中学实际上成了东山学校的初中部，从这里毕业的学生基本可顺利进入东山学校就读高中。这样一种利益链接致使此类学校为牟利而罔顾教育的基本原则，走上危险的非理性之路。湘乡市育才中学的情况并非个案，仅在湘乡城区就已经有育才中学、名民实验中学、涟滨中学、树人中学和振湘中学五所类似的学校。这些学校打破了20世纪90年代湘乡68所乡镇中学和4所城区中学相对均衡的局面，这仅是全国这类学校的一个缩影。

示范学校政策是打破教育均衡，催生超大学校和班级的政策根源。以甘肃为例：对甘肃省20个县区（占甘肃省87个市县区的23%，广泛分布于甘肃全省。社会经济文化综合实力低、中、高水平的均有），90所高中（占甘肃2004年470所高中的19%：其中示范性高中23所，非示范性高中67所）有关师资配备、经费投入以及办学条件等方面数据与资料的分析表明：示范性高中的创建加剧了甘肃省高中教育资源县域内配置的不均衡，极大地制约了甘肃省高中教育的持续、健康发展。一是人为造成示范性高中的师资水平远高于非示范性高中。示范性高中的教师本科学历达标率为58%～92%，高级教师占教师总数的比例为13%～29%；而非示范性高中的教师本科学历达标率为32%～55%，高级教师占教师总数的比例为0～11%。二是人为拉大了生均教育经费，而且示范高中还可以通过收取高额的择校费、借读费等获得大量的计划外资金，而非示范性高中自我创收能力较弱。这样差距巨大的师资和投入带来校舍设置和学生选择的巨大反差。

示范学校政策损害了教育公平发展的政策基础，教育资源配置失衡加大了校际落差，导致了各学校发展的马太效应，即好的越来越好，差的越来越差。示范学校政策也导致了各地高中办学的"规模不经济"：办学规模适度扩大有利于教育资源的充分利用和适当利用，产生规模经济效益，但无论是规模过小或过大都会产生各种"不经济"的问题。示范学校政策既催生了规模过大的学校，又带来了一部分规模过小的学校，因而总体产生的结果都是规模不经济。2004年，甘肃省各地示范性高中办学规模在2196～3674人，而非示范性高中在320～1600人，且85%的非示范性高中办学规模低于1000人。这种"规模不经济"的状况，使得教育资源不能得以充分利用，浪费严重。

示范学校政策加剧了学校的"扩张冲动"。由于各地在教育资源配置上均向示范学校大力倾斜，示范校则利用其名牌效应和政策上的特权，可以更多地筹集到计划外资金，甚至得到对违规操作责任追究的赦免，从而使得学校建设很少受到资源短缺和"硬"预算的约束，各地示范校在发展中均表现出严重的"扩张冲动"，硬件建设盲目求高、求大、上规模，在大型基建项目、校园美化等"面子工程"上，耗费了大量的资金，一些学校由此欠下巨额债务，然后又想通过超量招生收费弥补资金不足，因而走上不断扩大招生的"泡沫"之路。示范学校在满足了特权和高收入者的需求的同时，限制了教育对普通家庭有效需求的满足，造成了教育资源的严重浪费，使得地方办学经费短缺状况加剧，地方财政难以保障正常的经费拨款，便大肆收取高额的借读费、择校费，加重学生家长的经济负担，致使大量学生尤其是农村学生因经济原因而被迫辍学。

此外，诸如"以生定编"、层层择校、不同学校招生的分批次录取也在一定程度上对学校规模的两极化发展产生着推动作用。因此，应该更新教育观念，完善义务教育学校均衡发展机制，优化教育资源配置，探索小班化教育发展之路。

四、适度规模是教育科学发展的必要体现

教育的本质，是以人为本，尊重人性，尊重生命，促进每一位学生有效成长应成为全面实现普及九年义务教育后义务教育的新使命。教育公平和教育民主是世界各国基础教育改革的共同趋势，其内涵不断丰富和扩展：从保障人人获得均等的教育机会，到实现有质量的公平教育，使每一位学生的个性特长得到关注和尊重，使每一位学生获得有效的成长发展。

2000年，英国教育与就业部国务大臣大卫·布伦基特在其《建基于成功》的著名演说中指出："改变撒切尔主义者的学校优胜劣汰倾向，主张让每一所学校成功；改变在教育中精英化的趋向，主张让每一位儿童成功。"使每一所学校成功，使每一位学生成功的教育理念，成为基础教育包括普通

高中教育的共同使命。美国把2001年确定为"高中学生年",美国高中有影响力的组织"伍德·威尔逊全国联谊基金会"提出了响亮的口号:"放远我们的目光,绝不让一个高中生落后。"日本在加强师资队伍建设的同时,对高中班级和学校规模作出明确的规定,逐步消除规模过大学校和规模过大班级,班级数大于31个的学校必须分离成两个,班级定员为40～45人,学校分离成效显著,为全面提高普通高中教育质量,保证每一个学生成功发展,发挥了重要作用。

在教学班和学生人数如此不均衡的情况下,当务之急是学校规模的均衡,即教学班和学生的均衡。学生是最重要的教学资源,薄弱校缺少学生比缺少其他优质教学资源更为严重。按照教育科学规律办学,就不该有超大校,就不该允许超大校高收费,广招生。义务教育的科学发展必须从控制规模入手,推进均衡,保障安全,以限制"超载"的力度,限制班级"超额"和学校超规模,做到:第一,按照教育科学规律办学,规范办学行为,合理规定所有学校教学班和学生人数的上下限,达到学校规模的均衡,尤其不应该有超大校、大班额。第二,从严整治"高收费,广招生"学校。义务教育阶段学校本来是以公办校为主体,不应该再有"高收费,广招生"的市场化现象存在。要严肃整治各种巧立名目和暗箱操作的招高价生行为。第三,科学布局规划学校的设置。学校不是越大就办得越好。学校是育人的园地,学生特点和需求的多样性决定着中小学并非规模越大越好。学校和教师要以学生为本,因材施教,使年龄相同、性格迥异的孩子们的个性得到充分发展,因此中小学布局应该小型多样,各具特色。学校规模不宜过大,以"不超过千人"为好,并在区域内形成互补和适度竞争。实践已经证明:很多规模本来适中,但骤然膨胀,越办越大的学校,却越来越偏向应试教育极端化,越来越加重学生课业负担,越来越需要大开财源,把学校推向市场化。很多所谓的"优质"学校因为有了越办越大的"优势",陷入了教育产业化和应试教育极端化的泥淖之中,虽然考分和升学率很高,却导致大量有潜质的幼苗被千人一面的沉重负担的应试教育扼杀在少年儿童时代。

缩减超大学校规模是一场革命,因为这关系到方方面面的利益链条。一些地方已经对此采取措施。如广州海珠区对民办中小学超规模招生的学校,采取不给予超规模招收部分学生学籍,并在其未办理民办非企业登记证前不给予加具意见、不发放民办学校专项扶持基金、取消当年评奖资格等惩罚措施加以控制。①但是,对广大家长的舆论宣传和引导工作仍很艰巨,闲置下来的校舍和硬件设施如何利用,更是难题。人们寄希望于中小学招生制度的改革。如果能克服困难,逾越这道门槛,推动学校规模的均衡,城市中小学教师的初步均衡就好办得多了。

实现基础教育发展的效率、质量和机会公平是现代化教育的重要目标之一。基础教育均衡发展的核心是数量和质量同时发展,关键是中小学校布局、规模和发展均衡,适度规模是基础教育科学和可持续发展所不可缺少的重要规范,应得到持之以恒的贯彻落实。

---

① 王海波、谢强、邓莉、周淑仪. 广州海珠区:民办中小学超规模招生不给学籍[N]. 新快报,2007-09-02.

PART 4

第四辑

我所期盼的理想的教育

高考需要更多的专业和自主

在全国考生和家长翘首以待 2015 年高考招生具体政策之际，2014 年 12 月 16 日教育部发布了《关于普通高中学业水平考试的实施意见》和《关于加强和改进普通高中学生综合素质评价的意见》两项政策，作为落实 9 月国务院印发的《关于深化考试招生制度改革的实施意见》的具体措施。

高考有了更大的选择性，考分对于升学的效价有一定程度的下降。《普通高中课程方案（实验）》所设定的所有科目均列入了学业水平考试的范围，事实上成为高考的入围考，并明确提出"全科覆盖""分类考察""不分文理""两次机会""严格公示"等措施。

学生的高考成绩变为"3+3"模式，除了统一高考的语数外三科外，还要加上自己选择的三科学业水平测试的成绩。设计者似乎意在让学生可以根据自己的特长和兴趣进行竞争。

另一方面，还要加强和改进普通高中学生综合素质评价，思想品德、学业水平、身心健康、艺术素养、社会实践等都成为综合素质评价内容，并进入档案。同时要严格公示制度，对档案材料的真实性进行抽查。

这两个文件实施起来可能存在的问题是：学业水平测试成为学生高考的入场券，一些地方会不会为了给更多学生参考的机会而降低合格线，最终让学业水平测试流于形式？学生要求测试的内容点多面广了，对多个方面是进行分割的解释还是整体判断？若要进行整体判断，各部分权重如何分配，一般人员是否有这样的素养和能力？更何况对不同孩子在一些不可比性方面如何进行比较，这是短期内难以解决的问题，也是可能被权力寻租钻空子的地方。

现有方案的基本假定依然是存在同一的标准对所有考生进行评价，可以进行纵向对比。因此，依据这两个文件，对学生评价的专业性依然是一个未彻底解决的问题。另一方面，受升学结果的影响，不少学生的自主性也会打一定的折扣，更多的学生会不自主地选择能考高分但并不感兴趣的学科，进一所相对好的学校，这都会导致此后成长发展中的一系列问题。

最终解决这些问题，仍然需要依据学生多样性的特点，给学校更多的自主性，让学校与学生之间有更多的自主权，有更多的自主选择，学校以相对评价标准对学生进行评价，而非学校外的政府以绝对同一标准对学生进行评价，并在此基础上建立客观、公正的评价体系，严格规范评价程序，通过有效监督，确保公开透明的评价过程。

文理不分科需要制度体系支撑

《关于深化考试招生制度改革的实施意见》中明确了不分文理科，有人认为不分文理科有利于促进学生全面发展，也有人担忧高考取消文理分科之后会加重孩子的学习负担，究竟孰是孰非？

事实上，简单就这个概念去争论是无法得到确定判断的。文理分科实行几十年来，确实带来一些文理不通，个人的人文或科学素养缺乏的问题。所以从原理上讲，文理分科确实是与遵从天性相违背的教育方式，把人更多地定位为社会分工后的工具，在很大程度上忽视了人的发展具有多种可能性。"分科教育"能够快速培养出专业人才，却很难培养出身心健全的人。

当文理不分科作为一种高考招生制度来讨论的时候，就不再是一个抽象的原理上的对错问题，而需要考察是否真的建起了与文理不分科相符合的制度体系。

首先，文理不分科要求整个高考招生制度更加注重考查学生的素养和能力，而非学生的知识点，更遑论以标准答案为基本单元的应试体系。现有高考在短期内还很难从知识考试转变为能力测试，在这种情况下文理不分科确实会造成学生压力增大。

其次，大学是否建立起文理并重的选择学生的平衡体系？中国现有大学依然没有消除过去复制苏联文理分家的痕迹，重理轻文的不平衡局面仍然存在，在这种情况下，表面上高中生似乎可以依据自己的兴趣爱好选择课程，最终依然会沦为大学看重哪门学科，考生就争着去学哪门学科的局面。于是学生的真实兴趣依然要让位于应试和升学的需要，由此只是一根指挥棒替代了另一根指挥棒，却未真正消除指挥棒，偏科现象也不可能真的就不见了。

再者，高校录取学生的时候依据什么是决定高考取消文理分科后利弊消长的决定性因素。如果沿用现在的总分模式，学生投机性的行为就有存在或滋长的空间，最终是学哪门课能得高分，学哪门课能上好大学就会选哪门课。而这一情况又会随着学生选择潮起潮落，变化不定，给考生和家长带来不尽的忧虑。

此外，中学阶段是否建立起与不分文理科相适应的教学管理和多样化的课程服务体系？取消文理分科就不能让所有学生都学同样的课程，学校是否有充足的课程与师资？学校如何提供更加科学、合理的多样化课程服务？

因此，只有放弃总分模式，高校建立专业团队，实行比较彻底的专业评价，才有可能让文理不分科的理念发挥出积极的个体成长和社会效益，拓展个体天性发挥的空间，增进社会多元融合的包容性。

在上述条件不具备的情况下，是否可在某一措施上先行一步？当然是可以的，因为社会的发展就不存在一步到位的时候。但是在跨出这一步时，还是要看清这一步前后左右的环境、利弊。

在跨出这一步之后，就应积极采取措施解决以下问题：一是尊重学生的选择，防止学生负担加重，尽可能各扬所长，而不要千方百计补其短。二是尽快实现考试与招生分离，改变总分模式的集中录取。三是尽快建立对学生的专业评价体系，除了独立第三方的专业测试，还应建立中学和高等学校的专业评价体系，让这些评价本身更全面地收集学生的信息，让学生的专长和性向基本特征不需要通过考试，就已经是比较清晰的。

简言之，取消文理分科只是解决众多教育问题的第一步。它并不能成为学生减负、教育改革的救命稻草。当务之急，乃是政府在考试招生方面简政放权，将选择权还给学校和孩子，逐步建立专业、客观的选拔机制。让孩子可以不顾及分数的高低，选择自己喜欢的课程，申请自己适合的学校；让学校专业招生团队可以根据孩子的知识储备、个性特长、平时表现等决定是否录取。这种基于相互了解的双向选择，可以在很大程度上提高考试招生的专业水平，避免一考定终身的弊端，并且在不损伤公平的前提下提高效率，整体提升中国的人才选拔和培养水平。

考试招生制度改革刚刚开始

2014年8月29日中共中央政治局召开会议，审议通过了《关于深化考试招生制度改革的实施意见》，标示着考试招生制度改革方案已经按程序从中央深改组走到政治局会议，公众多少年来千呼万唤的考试招生制度改革终于开始了。

从已公开的信息看，改革的主题再一次指向公平，政治局会议强调要改进招生计划分配方式，提高中西部地区和人口大省高考录取率，增加农村学生上重点高校人数。另一方面，没有局限于高等学校招生制度的改革，而是采用"考试招生制度改革"的提法，其中特别强调包括完善中小学招生办法破解择校难题。再就是着眼于体系建立，通过深化改革，形成分类考试、综合评价、多元录取的考试招生模式，健全促进公平、科学选才、监督有力的体制机制，构建衔接沟通各级各类教育、认可多种学习成果的终身学习"立交桥"。

会议传递的信息表明，为社会所诟病的计划招生体制依然存在，政府主导的考试招生体制仍旧运行。虽然这个意见不能全部满足公众对考试招生制度改革的期待，然而这个意见放开了一个活口，就是要求适应经济社会发展对多样化高素质人才的需要，认真总结经验，突出问题导向，回应社会关切，进一步促进教育公平、提高选拔水平。这一表述表明：一是改革不是一劳永逸的，并非这次意见出来之后就不再改革了，而是要适应社会的需要逐步改革，若有需要还得改，分步实施，有序推进，不断深化。二是改革的主体是大众，社会的关切就是大众的关切，改革是对大众关切的回应，大众要以主人意识参与到这一改革中来，可以积极主动表达、沟通，可以用行动探索改革的路径，也不排除不得已时用脚投票。

从这次实施意见还能看出，对考试招生制度的抽象概念化的争论并不能导致真正的改革，关键是要放出适度空间让改革的主体去探索。中国的国情很复杂，每年上千万的高考考生，每一位考生都是一道多维高阶方程，要想把工作做精细，就必然要抛弃由某一机构大包大揽的做法，要适应经济社会发展对多样化高素质人才的需要就必须拆除大锅饭和大食堂，开出自助餐和风味店。把这一理念落实，最为关键的还是需要政府简政放权。

分类考试、综合评价、多元录取还仅是未来招生制度改革的总体方向，其中无论哪个方面，都是一个十分复杂的系统，要在实践中探索出一条众人可以走、乐意走的路子，还有个漫长的过程。如果设计出的是大家都不乐意走的套路，终究是存在不了多长时间的摆设。所以说即便具体的考试招生方案出来了，也只是考试招生制度改革的开始。

作业的最终话语权属于教师

暑假到底要不要作业？我国两千年前的经典著作《学记》说得很明白："时教必有正业，退息必有居学。"也就是说，布置假期作业很有必要。现代教育心理学也证明，这是符合教学规律的。

假期到底该布置多少作业？布置什么样的作业？由什么人布置作业？给什么人布置作业？对这些问题的认识混乱，导致了教育主管部门、学校、教师、家长间的认识不一致。

对此，我们首先必须明确，当下学生暑假作业过重问题是学业负担过重在假期的延伸。而导致这一问题的原因，一是教学不够专业，二是校外非专业的因素和力量在不断干扰着学校的正常教学。

认识到了上述根本原因，解决问题的大方向就很明确，即进一步强化专业性作用，通过责权明确的专业规范，保障学生的学习自主权、教师的教学自主权、教育管理者的管理自主权。

当前，由于城乡教育差距较大，不同学生的学业情况差异很大。即便在同一个班级里，不同学生的情况也有所不同。一刀切地要求不布置作业，或要求大家一律必须完成社会实践等硬性或软性作业，都不符合实际，在一定程度上也属于无视学生个体成长发展的需要，自然会招致家长的不满。

以专业的眼光看，唯有对某个学生学业的具体状况、兴趣爱好及优势潜能方向等个性化因素有详尽了解的人，才有资格给学生布置作业，才能做到因材施教、因地制宜，才能在提高作业效果的同时减轻作业负担。或者可以说，布置作业的话语权应该属于教师，而不该属于行政部门或学校以外的任何一位"婆婆"。

从一般意义上说，当下学生确实在教室里待得时间过长，需要多到大自然和大社会中拓宽视野，更多地从实践中了解自己、锻炼自己。然而，这一要求以行政文件发给所有人与以专业教师针对某个学生的具体情况提出建议相比，达到的效果显然是不同的。

教育行政部门不得已把手伸得那么长，主要原因就在于"不放心"。将这么"大"的权力赋予教师，教师不负责任怎么办，教师不能准确了解学生的学业情况，无法从学生的成长发展出发确定取舍作业的多与少怎么办？

实际上，如果发现某个教师在这方面没有做好，则可依据具体的责权范围，通过同行的专业评价加以评定，确实有问题的，可以追究其相关责任。在这一过程中，行政部门应该做的是对经专业评定确有问题的专业教师进行问责，而不是直接插手去发指令禁止给学生布置作业，或直接给所有学生开出暑假作业清单。

如果教育行政部门总是强行介入学校的具体事务，加上家长、商业机构这样一些非专业性的表达总是参与其中，学校便会面临六神无主的状态，甚至被非专业的各种力量拖拽，导致教师非理性拼命加大作业量，抑或干脆放任不管，减负更难取得实效。

当前，要将减负工作向纵深推进，教育行政部门有必要转变思维方式，告别发文越多越重视的观念，从保护教师的专业尊严入手，明确责权边界，促进教师对自己的教学行为负责。

暑假作业虽是一个具体问题，如何应对却体现出各方面的教育理念、专业素养如何。唯有明确了各自的责权边界，大家都做到不越位、不缺位，减少不分青红皂白的行政指令作用，依据专业认知统一各方认识，依据专业规范站好自己的岗，将过多过滥一刀切的行政指令关进专业规范的"笼子"里，才能从根本上缓解学生课业负担过重的问题。

高考招生制度改革的困境与出路

十八届三中全会通过的《决定》明确提出考试招生制度改革的大方向："探索招生和考试相对分离、学生考试多次选择、学校依法自主招生、专业机构组织实施、政府宏观管理、社会参与监督的运行机制，从根本上解决一考定终身的弊端。"此后，考试招生制度改革成为社会热议的话题，但整个讨论呈现泛化、散漫的趋势，有人要改某些课程的分值，有人要改考试科目，有人要学术与技术分类招生，也有人认为要改招生方式，甚至还有人提出要改课程。一场主要问题、关键和目标不明确的改革，最终必然不会有任何成效。所以，在这种情况下，明确高考招生制度改革究竟由谁改革，要改什么，需要解决什么问题，目标是什么，路径是什么就显得十分必要。

一、现有高考招生制度的特征与问题

依据对考试招生领域历史纵向演进的追踪，对各方面现实问题的综合分析，以及与世界其他国家的横向比较[①]，得出的结论是：中国现有高考招生体制的根本性问题在于行政权力僭越了专业职能，考试和招生完全由政府主导和实施，以非专业的方式统揽包办，导致高考招生过程既不专业，也难实现实质公平；以计划体制为基础，既不能满足学生和学校的多样性需求，又不公开透明，存在较大的灰色权力运作空间；形式公平，实质不公平，最终

---

① 例如：哈佛大学招生是以学生为中心的，从程序、规则、标准等各方面都展现出积极为学生服务的特点。

损伤人才成长发展和综合国力的提升。

考试招生制度是整个社会管理体系的一个组成部分，以政府为主体就必然要遵循政府管理的行政逻辑，从而缺乏专业性，导致一方面难以落实以人为本，尊重人民主体地位，发挥人的首创精神，促进人的全面发展这些重要的原则；另一方面又难以有效促进社会公平正义、符合人才成长发展规律，增进人民福祉；同时与十八届三中全会确定的调整政府的自身职能定位，进一步简政放权，切实转变政府职能，建设法治政府和服务型政府，推动公办事业单位与主管部门理顺关系和去行政化的基本精神相违背。

中国自1896年有中国人自主主办的高等学校后，直到1936年都实行的是各校单独考试、自主招生。1937年因战争爆发，中央政府要求高校实行联合招生，后来事实上是中央大学与浙江大学、武汉大学联合招生，北大则与清华联合招生。1938年中央政府要求实行统考统招，这一做法实行了三年，1941年统考统招中止。接下来直到1949年是联考联招、委托招生考试等五种方式同时混合使用。1950年实行行政区域内的统考统招，1951年实行大行政区域内的统考统招，1952年后实行全国的统考统招，从此进入统一命题、统一考试、统一录取的高考时代，除"文革"期间中断高考外，这一高考招生制度使用了50余年。

现有考试和招生制度的基本特征是：考试和招生完全由政府主导和实施，政府多重角色集于一身，牢牢把控了高考招生的内容、标准、选择权力，既当运动员，又当裁判员；全程以行政为主，专业力量在有限范围内辅助，专业性不强，只能依据单一的分数对个性和能力差异巨大的学生进行非专业的判定，导致不同地区间公平矛盾日益突出；招生以计划体制为基础，较少顾及学校和学生的需求，也不考虑区域人口和入学比率的变化。

所以，这样的考试是一种过于简单的非专业测试，比如将各科之间没有等值性的分数简单相加，并以这个总分作为录取依据，将不同区域不同学校的学生分数进行简单比较，完全不考虑考生在何种条件下取得这一考分。它的录取是一种过于集中的强制性录取。这种方式虽然一定程度上能减少学生奔赴各地学校考试的成本，却难以较好满足考生与学校的需求，贻误了学生的终身成长发展，轻重得失显而易见；这种建立在"分数面前人人平等"基础上的招生虽然能在一定程度上显示出形式公平，由于不够专业全面却难以实现真正的实质公平；它比较方便政府依据统一标准快速选拔适合某一条件的人才，却很难满足社会对人才的多样性需求，依据个人的天性和潜能真正培养多样性杰出人才。

这样的高考招生制度事实上是国家主义教育观在高考招生上的体现，政府规定全国统一的考试大纲，并以政府文件下发。考试标准高度统一，基本剥夺了师生和学校在高考招生中的建议权和选择权，以及专业发挥的空间，基本权利得不到充分保障，学校和学生也就难以真正自主发展，造成高考以下的所有学段仅仅追求考试分数，罔顾人的个性、特点和全面发展，最终违背以人为本的基本原则。政府机构统一招生，而非学校或专业的第三方机构进行考试、学校依据自身的专业发展状况自主录取，录取工作由政府（招生办）统一进行，招生办成为绝对强势媒婆，基本剥夺了学生和高校的自主选择权，造成招生过程中责、权、利分离，相互损耗。

以单一的标准（考试分数）评价学生，拒绝多元自主的评价，其结果是学生臣服在考试面前、有求于录取机关，是被挑选者，而非自主展示、自主选择的主体，催生了强烈的应试行为，消耗着一代代人宝贵的青春时光。用单一的标准衡量多样性的人才，大家都不是人才；以单一标准培养的标准件式的人才又满足不了社会对人才的多样性需求。与考生和学校的意愿相距甚远，也就违背了以人为本。大面积的调查表明，60%的学生不喜欢自己所上的学校，不喜欢自己所学的专业。麦可思所作调查表明：2012级新生12%的本科生与11%的高职高专生想换专业。主要原因是"原专业不符合自己的兴趣"，占39%；"原专业不符合自己的职业期待"占36%（本科）、38%（高职）。

从幼儿园到高中，高考招生成为"指挥棒"，政府完全控制的课程和高考招生既不专业，又难以满足学生和高校自主发展的要求。学生和整个教学围着高考指挥棒转，课程也如此，考的就教就学，不考的就不教不学；高考和课程都不是围着人的成长发展真实需要转，在一定程度上成为遏制人才正常成长发展的巨型桎梏。

由此产生的后果是，这种高考招生制度越来越成为理智的民众避而远之的对象，一方面民众开始用脚投票，选择远走他国，而SAT以其灵活的高考方式"不但每年都举办多场考试，而且每场考试都向全世界学子开放，这无疑给外国学生考入美国名校提供了巨大的便利"[①]，从而出现了SAT与中国高考争夺优秀生源的格局；另一方面大量考生选择弃考，在高考中不报名、报了名不考试、接到录取通知不上学的人数连年增加。这种于国于民都不利的考试招生制度到了非改不可的地步。

二、高考招生制度改革的目标选择

恢复高考后，对高考的改革从未停止过，如实行分省命题、考试科目调整，从老6门到"3+1"；建立多元录取机制，除裸分录取外，辅以高考加分、免试推荐、定向录取、特长录取等。但是，依然解决不了实际问题，说明长期以来的目标定位不准。

找准目标定位首先要找准大方向。长期以来定位不准主要是因为仅仅集中在考试改革，录取方式没有发生根本变化。如果招生方式不改，特别是总分录取模式不改，高考的"劣根"就永远不能消除。把改革的目标全面覆盖到协同推进考试改革、招生改革、管理改革应该是整体的大目标。

而这当中又要注意，协同推进并非齐头并进，而要循其纹理依次推进，从管理入手，将考试招生的主体由政府还给学生和大中学校，将评价的自主权赋予独立第三方专业组织，应作为高考招生制度改革的首选目标。如果偏离这个中心目标，或不在这方面下功夫，这场改革最终会成为一场无效的折腾。

在启动管理改革之后，就应当以招生改革为核心。招生模式比考试模式更为关键和重要，甚至可以说，招生决定着考试。在高校获得招生自主权、专业组织获得评价自主权之后再启动考试改革。这一次序不能任意逾越，前些年自主招生出现的各种问题就是由于逾越了这个次序，使自主招生名额成

[①] 李国、刘婧姝.官僚化侵蚀大学教育 "洋高考"来袭优秀生流失[N].工人日报，2014-03-07.

了高校不受监督的特权。

在中国历史上,科举考试事实上是选官考试,1950年后的统一高考招生在很长时间内实质上是选拔培养干部的考试,所以也主要由政府举办。现在随着高等教育进入大众化阶段,同时国家单独设置了公务员考试,依然为政府操控的高考、中考却未实现向一般人才评价的功能转向,随着高考参与面的扩大,高校毕业生就业问题的突出,高校培养学生与社会人力资源需求严重脱节,现有高考招生制度的功能与职能错位及其相关的问题就更加突出。因此,应及时实现高考招生主体的变换,回归教育行业内的专业测试和学生选拔制度。

正因为此,《决定》要求:一是将现在完全在政府手中的考试和招生分离出来,政府从招生主体的位置上退下来,让学校成为招生主体;二是将现有行政主导的考试、招生转变为社会化的、专业主导的考试、招生。简言之,这一变革可简单概括为将高考招生从"指挥棒"变为服务人才成长发展的"服务器",从现行以行政为主导的计划招生转变为以专业为基础的自主招生。扩大学校和学生的选择权,就是要以学生为本,建立自主、专业、透明、公正的考试招生制度。自主指学生和学校有更大自主选择空间;专业即由专业团队实施,人员、程序专业化、精细化,政府和社会公众起监督作用;透明即程序公开、可监督;公正即所有人和学校一碗水端平。这样才能促进教育评价方式转变,形成良性教育生态。

将高考招生的功能定位为服务器,就是要能为培养独立思考、独立创造,具有创新精神、实践能力的创新人才服务,能与课程、管理、教学这些方面配合发挥服务人才成长的作用,能为不同人才成长发展服务,能够服务于国家的发展战略,服从于人类发展的趋势,服务于建设富强、民主、文明、和谐社会发展的需要。

高考招生改革的理想境界就是让考生与高校之间多接触,多了解,"谈恋爱",让高校与考生之间相互充分了解,自主判断,双向自主选择,自愿结合,更好地激发内在潜能,获得更好的发展。同时消除招生办这一强势"媒婆",形成平等、尊重、和谐、发展的生、校关系,从而增强学生的信心;让层次不同的高校通过自主的专业团队程序化的判断,招收到自己所能找到的最优秀的生源，从而在整体上形成分层分类的选择机制，保证考试招生体系的公平公正性，形成符合人才成长的正向逐级提升的良性循环。

当下有高度共识的是，分数成为唯一的人才选拔的衡量标准衍生出了很多问题，分数决定一切，一考定终身，这是现高考最大的弊端。相对于没有客观依据的推荐，看分数是进步；相对于全面的专业评价，仅看分数是肤浅、粗放、落后的。而这一弊端的主事者就是非专业的行政包揽，以专业的方式评价学生就不会分数决定一切，就不会一考定终身。要让高考由官方的考试变为独立的第三方专业测试。政府从招生主角上退出来，让考生与高校成为真正的主角，不改变主事者，就不可能彻底消除这一弊端。

事实上，每一次改革目标都可能存在多种选择，这次高考招生制度改革也是如此。

第一种选择是仅仅局限在考试改革，不改招生。自1990年来的历次改革就是如此，其间除了部分地区实行春季招生、在招生志愿填报方式上作了些变动外，基本未在招生上进行过根本性的改革。如果不改变行政主导的考试，这种考试无论怎么改都不可能真正专业；如果还局限在行政主导的外语一年多考、高中学业水平考试、综合素质评价、考试招生违规处理，还属于非专业的行政功能重组，这样的招生最终不能满足学生和学校的多样化需求，不能培养出创新人才和建立人力资源强国，这样的改革无法满足中国社会发展对教育的需求，所以不是上选。

第二种选择是既改考试，也改招生，但不改变政府在考试招生中的主体地位。这是时下不少人认为比较现实稳妥的改革。但这种改革方式对解决当下中国考试招生制度的问题无足轻重，原因是在行政主导下的统一考试和以计划为依据的集中录取不可能在这一框架里得到改变，改来改去只会是从一种低水平的混乱变成另一种低水平的混乱，不会发生实质性的变化。这一做法与习近平所强调的"推进国家治理体系和治理能力现代化"很难一致。因为不改变行政主体的高考招生说到底还是行政治理思路而非法治思维；是部门管理，而非多元共治；是单向的、强制的、刚性的，合法性依然受质疑，其有效性难以保证，而非多方参与、合作的、包容的，考试招生中的角色混乱、定位不明问题不能得到解决，诸多矛盾依然存在甚至会加剧。

第三种选择是政府从自己不专业的考试和招生领域退出，使原本就应是考试招生主体的学生和学校归位。同时也是政府简政放权，回归小政府、服务型政府、监督型政府，这才是真正的国家治理体系现代化，中国社会由此才能走进成熟社会。有人担心这样会一放就乱，只要放出空间让专业组织自主生成，同时加快法治，加快现代大学制度和大学内部专业招生团队的建设，就不会混乱。如果缺少这些外部条件，考试招生制度的改革就存在更多的不确定性。

第四种选择是对考试、招生设计出一套完整系统的方案后，政府才从中退出。这种目标太理想，永远无法实现，但不少人心存这样的期望。甚至还有一些人期望只有等到中国社会的诚信体系建立起来了、现代大学制度建立完善了才能进行考试招生制度改革，那样更是遥遥无期。客观地说，从政府退出到专业的考试招生制度建立还需要有一个过程；如果政府不退出，专业的评价体制就不可能启动成长，就缺少自主成长和发展的空间，真实的变革就永远不会到来。因此这样的目标是现实中难以实现的。

因此，高考招生制度改革要放弃一步到位的目标设计，不要期望一个"总体方案"和若干个配套"实施意见"就能解决所有问题。再加上这次改革本身就是从单一走向多样，从一统走向多元，从原理上不存在有一个机构设计出全国各地不同学校都适用的方案，而是要让渡出各自自主开展改革试验的空间。要实现这个目标，首先要做的就是政府简政放权，从自己不专业的考试和招生领域退出，让学生和学校成为考试招生的主体，让专业组织生长并发挥作用，政府发挥监督作用保障公平公正。

《决定》中明确提出现代制度建设目标包括"国家治理体系和治理能力现代化"，还明确提出"把权力关进制度笼子""推进决策公开、管理公开、服务公开、结果公开""让人民监督权力，让权力在阳光下运行""建设法治中国"等等。在这样的宏观设计框架内，具体结合高考招生制度存在的问题，也显示出改革的首选目标是政府从专业领域退出。

三、考试招生制度改革的障碍和困境

从历史进程看,像考试招生制度这样的改革曾经需要数百年乃至上千年才改变一次,而随着社会进程的加速,各方利益变化频率加快,所以从废科举到现在100多年,恢复高考到现在40余年,从公平、学生发展和国际竞争三个方面评估,当下考试招生制度就已到了非改革不可的地步,不改革就会影响到上述三个方面而让社会发展进一步深度受损。

考试招生制度改革遇到的障碍主要有:

第一个是潜在而又强大的思想观念的障碍。高考招生体制改革从根本上说是人性假定改变,怎么评价人和他的学业都必然与人性假定直接相关。现有考试招生制度将人假定为定型的工具而非多样变化的主体,高考招生改革需要重新界定人性,重新调整政府与民众的关系,重建信誉体系,否则在一些具体措施上变来变去都只是外表的装修。现行带有强烈国家主义教育观的高考招生体制的价值基础是儒家的"修齐治平"理论,与以人为本、科学的教育发展观、培养创新与实践能力都存在直接冲突,它的基本假定是培养工具,而非有个性、有思想的人;它奉行的是做人上人的观念,通过考试筛选出做人上人的人选,与人人平等的观念直接冲突。而人人平等是新的高考招生制度所应奉行的价值基础。数千年形成的文化和价值基础是难以在短时间内获得改变的,它将成为在改革过程中持续发挥作用的障碍。

第二个是社会整体的体制环境的障碍。当下整个社会体制依然是官本位的体制,政府管理体制和社会文化氛围都镶嵌在严格的科层格局之中,大学本身也依然是个官僚机构,未能建立规范的权力监督制度,人与人之间的诚信基础极为薄弱,在这种体系环境里要建立一套专业的、公开透明的考试招生体系确实具有相当难度。这一改革相对于社会环境具有一定的先行特征,所以这一改革必须与政府从高考招生中退出,必须与政府管理体制改革密切结合,政府改革能否顺利,放权能否到位成为改革能否成功的关键。

第三个是专业团队的障碍。由于较长时间以来,无论是大学还是中小学,行政权力过度扩张,专业性空间一再被挤压,专业的独立性未能真正建立,当社会需要让专业组织担责的时候,它的信誉度可能不够,在担责过程

中受行政权力干扰而异化，不少有教授或各种学术头衔的人本身并不专业，甚至在不少时候真假难辨，而改革后的招生需要极其专业的、大范围的专业团队参与，从多个方面全面了解和评价学生。能否有足够的专业人员组成专业团队，能否建立并遵循专业的规范，能否严格依照专业的规则和程序履行考试招生的职责，能否在社会公众面前建立足够的信任度，也将成为考试招生制度改革的现实障碍。

第四个是利益的障碍。从察举到科举，再到废科举，无不是一项重大的利益调整。高考招生制度改革既然以更加公平为目标，就必然会调整原来计划体制下的特权利益，使一些特权地区的特权受到影响，因此而遭到权力部门与权力地区以各种方式表现出的阻碍。这一改革也是调节国家发展需要和学生发展需要的关系，因为唯有学生得以充分发展，人才才能充足，国家才能强盛，创新型国家和人力资源强国才能建成，因此又是国家民族大局利益与部分人利益的调整。如果跳不出这些利益圈子，改革就挪不动步子。

任何一项改革都存在谁改革、改什么的问题，而考试招生改革当下最大的困境是，在现有的框架内需要现有体制中的人设计出一个改革自己的方案，要向自己开刀。当下，不少人习以为常地认为由教育部门制订、公布高考改革方案，再由教育部门实施高考改革方案，这项改革就完成了。这么认为要么是太天真，要么是似是而非的误解，也说明了考试招生制度改革为何从2010年《规划纲要》公布开始提上议事日程至今仍止步不前的原因。

历史上，无论是废科举还是恢复高考，都不是教育部门自行设计和实施的。当没有明确谁来改革的时候，这场改革事实上就没有开始。教育部是当下考试招生权力的直接行使者和利益当事人，指望教育部改革就如同要求老鼠去给猫颈上系铃，放权就无法实施。如果还停留在指望教育部制订高考招生改革方案，那就是高考改革的定位仍然不明，仍然未走出困境的表现。在中国当下的政府管理体系中，高考招生制度改革方案不能由行政部门主导制订和决策，而应该提交全国人大讨论、审议，以凝聚共识，制订各方都可接受的方案，由教育部等政府部门实施。如果做不到这一点，至少也应由中央改革领导小组制订方案，再交由政府实施。

四、考试招生制度改革的路径与次序

从前面对障碍和困难的分析可知,考试招生制度改革需要同时解决三个层面的问题:

首先要解放和丰富思想,转变人性假定的工具定位。思想是教育的第一资源,也是当下教育上严重缺乏的。长期以来,不思想、不能思想、不会思想阻碍着社会各方面的改革,也是阻碍考试招生制度改革的原始力量,民间如此,政府也如此。考试招生制度改革假如没有思想或思想上有问题,所设计的方案和措施必然不会健全,纯粹从技术层面分析问题和解决问题是不全面的,也是远远不够的。要让思想润滑考试招生的每个艰难环节。

第二个层面是加快政府管理体制变革,将高考招生制度改革作为政府管理体制改革的一个部分。当作政府管理体制变革才是正确的定位,所要做的就是简政放权,让专业组织生长发育,并逐渐让专业权力回归专业组织。

第三个层面就是要健全法制。没有健全的法制就不可能真正改革现有招生体制,要依法让政府放权从招生主角上退出来,否则让考生与高校成为真正的主角就要落空。因此需要由全国人大尽快颁布《考试招生法》,明晰地规范与考试招生相关的各方主体的社会责任和权力边界,否则社会化的考试就缺少保障和依据,独立的第三方专业评价也很难开展。最终建立自主、专业、公开透明、公正的考试招生体系。

考试招生制度改革的现实路径必须先从政府管理体制改革着手,改变这一制度的管理系统,然后再逐渐完善专业程序,提高专业水平;如不改变整个系统,改革就只会成为一场无效的折腾。

在考试招生制度改革的路径选择上,要从各因素的制约关系出发,选择时机,改必须改的内容。为此,对时下讨论的各种与高考相关的各方面改革内容进行以下分类。

属于边缘部分的改革:全国统考减少科目、不分文理科、外语等科目社会化考试一年多考、各科分值的变化、随迁子女就读地高考、推进职业院校分类招考或注册入学、招生指标分配。这些内容政府发一个文件就能变,但无论在这些方面怎么改都无法从根本上解决当下高考招生制度的问题,同时由于政府的非专业性，政府发文难以满足各方面需要，会遗留多种问题。

属于专业范畴的内容：推行普通高校基于统一高考和高中学业水平考试成绩的综合评价多元录取机制、科目改革、分值调整。这些问题不是政府部门的事，不能仅仅靠发文件，专业评价的改进是一个较长的过程，但前提是需要行政权力让度空间，让各大学和中学根据自身的办学定位，建立自己的专业团队，自主探索，提出本校招生要求，明确考生要提交哪些成绩、材料。而社会考试机构则根据大学的招生要求，提供考试评价服务，有统一的知识能力测试，也有学科水平测试，学生可根据自己选择申请的学校的要求，自主选择参加哪些测试。这样的考试和招生，才能让基础教育真正摆脱应试。在考试招生主体没有从行政部门转向专业组织的时候希望实现基于统一高考和高中学业水平考试成绩的综合评价、多元录取、招考分离就是水中捞月，永远不可能有正果。

属于政府管理范畴的改革：建立招生和考试相对分离、学校依法自主招生、专业机构组织实施、政府宏观管理、社会参与监督的运行机制。它是与政府管理体制变革相关的一项重大举措，是国家治理体系变革的一部分。需要现实与长远兼顾，既要符合教育规律，也要符合社会发展的规律。基于对现有高考制度的问题分析可以得出的结论是，高考招生制度急需改革的主要领域是：行政包揽、计划体制、集中录取。如果不对这三个方面进行改革，其他方面的所谓改革都是不会有多大效果的躁动。

改变行政包揽、计划体制、集中录取，就是要让高校成为招生主体负起责任。对此人们的担心是用什么机制来保障权力运行公平公正？一要靠程序设计的专业，每个学校要在招生章程里明确招生程序和各种标准，尽可能排除一切非专业的干扰；二是公开，学生通过什么途径进来的、各项考试和测试的成绩以及所有不涉及隐私的信息都要公开；三是明确责权边界，学校内部的招生要明确学科到学院再到学校层级的招生权限和责任，建立内部相互监督制约机制；四是建立常规的外部监督，包括建立政府对高校招生的监督问责和招生违规举报查处制度，保障家长和考生的监督权的行使。

此外，可运用网络技术建立基于网络的考试招生服务平台，各招生高校以平等身份加入，消除招生分批次或招生有特权的现象，这才是招生体制全面改革而不再是为少数高校开小灶的改革，这才是以招生为核心、高校为主体的改革。高校不必过分看重行政权力的制约，有了可靠的考试和信息我就用，没有我还可以自己组织考试。

对于时下争议较多的一些问题，也需要明确它们在改革进程中的位次。分数面前人人平等这一高招录取的铁律是否要打破？对于这个问题，应该在各校自主招生后由各校的专业团队决定考试分数在本校的录取中占多大的权重。在世界各国，高端学校学业成绩的分值所占的权重小，低端高校仅凭学业成绩就可录取，不宜采取按分数统一划线录取的"一元选拔模式"，它的弊端是很多学生被绑架在分数的战车上，没有了兴趣，没有了好奇，忘记了学习的初衷。

真正的社会化考试何时进行？唯有行政主体退出之后才能进行，社会化考试是由独立第三方社会中介机构组织，由招生学校自主认可、学生自由选择参加的考试，这一考试的功能不是选拔，而是客观评价，学生可用这一成绩去申请大学，高校将它作为录取的参考，而不是唯一的依据。也就是说，只有高校自主招生，考试评价才可能成为社会化考试，只要高校依旧集中录取，社会化考试就不可能推进。

一年多考何时才能推进？必须在政府退出高考招生，不再集中录取后才能实质推行，否则最多从以前的"一考定终身"，变为"多考定终身"，减少了一次考试的偶然性，却大大增加了考试成本和考生负担，将"斩首"变"凌迟"，越来越多的人会以考上北大清华为目标而不断地多考。

与此相关的另一个问题是，何时能够实现学生与学校"多投多录，双向选择"的互选？现在互联网信息技术已经提供了全国高校和考生同一批次在网上互通式地双向选择的技术可能性。高校专业团队要发现那些有思想、有活力、有生命力的人，就要获取学生分数以外的更多信息，这背后依然是一个学校自主权和学生自主权的问题，在这些权力集中于行政部门手中的情况下，就不可能让学生选择适合自己的教育，实现学生"学"有所选、大学"教"有所选。

再就是是否需要试点而后推广的问题。是否要试点是与改什么直接相关的问题，在专业方面的改变确实需要试点；而在政府把考试招生的自主权利还给专业组织和学校这方面是不需要任何试点的，所需要的是政府的智慧和决心，系统的顶层设计，一步到位的实施。

还有人认为，理想的多元录取模式必须在完善以下三个制度的基础上才能进行：一是完善高中学业水平考试制度，将其上升为国家考试；二是完善统一高考科目的设置，既要有利于学生的全面发展，又要真正有利于学生的个性发展；三是完善综合素质评价和高校自主面试制度，特别是反映学生综合素质的标志性成果，要做到真实、可信。[①]这依然是专业先于行政的改革思路，正好把问题倒过来了。因为在行政主导下就无从建立这样成熟的专业机制，高校自主招生就是需要将高校采集学生哪些信息、哪个机构评价学生的信息的权利还给各高校的专业团队。

从次序上说，依据现有高考招生制度的病理和现状，要分清专业的问题和行政问题，不要把个性化的专业问题搅和到整个招生制度改革层面谈，而应把它们当作各地、各校专业招生团队的自主决定空间。而多方面的改革最后都集中到政府做什么和如何做，如果继续保留行政主体按计划集中录取制度，社会化、一年多考、其他科目计等级，都很难起到改革的实际效果，而会滋生出新的更复杂的问题来。学生的压力、焦虑非但不能减轻，反而会增加。只有打破政府主导的按计划集中录取制度，这些问题才能迎刃而解。所以必须先启动与考试招生相关的政府管理改革，专业的改进才有可能的空间深入进行，不可能寄希望于政府设计出一套专业的程序。1922年新学制的建立与课程标准的起草的历史都说明，非专业的政府组织僭越了专业的权力，就无法进行真正的改革。

综上所说，评价高考招生优劣的最终依据是什么？是学生能否成才。高考招生改革的关键是体制改革，政府应肩负起改变高考招生制度的责任，必须从高考招生中退出。对中华民族前途充满期望的人要肩负起改变的责任，大处着眼，不被眼前的利益绊住脚步；从小处着手，做细点，让变革逐渐积累，将高考招生改革与学生发展、教师使命与国家战略合而为一，以积极态度，稳步前进，不走极端，不走过场，才能到达改革的彼岸。

---

① 邓晖、靳晓燕.从"冷冰冰的分"到"活生生的人"[N].光明日报，2014-03-04.

深入推进高考综合改革

进城务工人员随迁子女就读地高考问题，一直是社会普遍关注的热点问题。2012 年，国务院办公厅转发教育部等部门《关于做好进城务工人员随迁子女接受义务教育后在当地参加升学考试工作的意见》，对于异地高考政策提出了明确规定。各地也随之进行了一些积极探索。2014 年，全国有 28 个省市区实施异地高考，共有 5.6 万名符合条件的随迁子女在居住地参加高考。这成为有效推进全国范围内教育均衡新的杠杆，具有十分重要的积极意义。

从长远看，随迁子女就读地高考政策，是在现有高考招生政策与未来整体改革后的高考招生政策之间的一段衔接政策。现在随迁子女高考遇到的障碍，主要在于户籍制度和政府主导的按计划集中录取制度。依据十八届三中全会《决定》所确立的未来高考招生制度改革目标，未来将建立专业组织进行社会化考试和高校自主录取的体制，这意味着招生将成为高校与考生之间的相互选择，计划的区域招生指标分配就不会存在，随迁子女在哪里高考都不会成为问题，也就不需要单独的随迁子女就读地高考政策。

由于整体改革高考招生制度尚需时日，各地还应该继续不失时机推进随迁子女就读地高考，并与整体改革高考招生制度的目标一致和衔接起来。解决随迁子女就读地高考问题，需要从整体上寻求系统的解决方案，即要立足于改变社会的权力结构、资源配置、发展模式，在全国范围内实现高等教育资源的均衡和教育机会的均等，这是防止产生高考移民最扎实的防线。

防止高考移民和推进异地高考，最终的关键在于体制改革上实现突破。一要改变现有城乡分割的户籍管理体制，实现城市管理对非户籍人口的有序接纳包容。二是深入推进高考综合改革，实现考试与招生相对分离。建立专业、公平、公正、透明的高校自主招生体制，依据各高校的发展方向和需求与考生进行双向选择，用专业评价机制替代行政的计划指标分配。

由此可见，依据十八届三中全会《决定》的精神，尽快启动实施高考招生制度的改革，是从整体和根本上解决随迁子女就读地高考问题最为理想和有效的方式。它不仅是中国高考招生制度由行政主导的计划体制向以学生为本、以专业为基础的学生与学校双向选择的升级，也是随着社会发展，因社会需求提升高考招生制度包容性的有效措施。消除行政隔阂、抛弃计划模式、增强专业性，就能扩大高考招生制度的包容性，是否"异地"就不会成为考生考试和录取的障碍。

社会各方都应从系统共赢的发展方向，协商寻求解决方案，对考生、家长、学校、政府来说，需要明确高校招生制度改革的大方向。对家长和考生而言，选择一个更有包容性的环境对自己更有利。对学校而言，以公平、公正、专业的准则选择学生，不仅能使学校招到更合适的生源，也能获得自身持续发展的良好根基。更重要的是，以异地高考为突破口，提升进城务工人员随迁子女的文明素质，不仅能为城镇化带来创新动力，也将为城镇化提供所需人才，有利于推动我国城镇化进程。

实现高考招生良性公平唯放权高校

自2012年3月教育部联合四部门制定实施了定向招生专项计划以来，贫困地区上重点高校的学生数就连年增加。2012年，在21个省（区、市）的14个集中连片特殊困难地区680个贫困县实行定向招生，首批名额达1万个，由222所重点高校采取单报志愿、单设批次、单独划线录取等特殊政策定向招生。2013年通过这种方式招收了3万人，加上其他倾斜政策共录取了27.8万人。2014年3月，国务院总理李克强在政府工作报告中再次承诺当年重点大学录取农村贫困地区学生再增加10%，也就是2.8万，累计约有31.6万农村考生因此受益。3月底，教育部进一步表示，农村贫困地区定向招生专项计划由中央部门高校和地方"211工程"学校招生5万名，规模比前一年增加2万人。专项计划实施区域扩大为832个贫困县，以及重点高校录取比例相对较低的山西、河南、广西、贵州、云南、甘肃等10省区。

此外，教育部还将实施农村学生单独招生。教育部直属高校和其他自主选拔录取改革试点高校要专门安排不少于学校本科规模2%的名额，参照自主选拔录取办法，主要选拔边远、贫困、民族地区县及县以下中学勤奋好学、成绩优良的农村学生。原则上，符合当年普通高校统一考试招生报名条件、高中阶段具有上述中学连续三年学籍并实际就读、具有农村户籍且家庭在农村的学生均可报考。此外，还将实施地方重点高校招收农村学生专项计划。

对于这些政策的实施，社会上存在各种争议。排除各种利益群体从维护自身利益出发所表达的观点，客观地说，增加农村学生进入重点高校的数量是教育不公平向着公平的方向的改变，但它在实现局部公平的同时，也确实给整体的教育公平带来系统性伤害，用行政的手段、计划指标的方式，很难从根本上系统性地解决问题。

一、行政主导打补丁惠及少数人

不用讳言，既有的高考招生制度对农村以及广大的教育欠发达地区都是极为不公平的。2012 年，清华大学课题组抽样调查显示，生活在直辖市的学生，获得自主招生名额的可能性是农村学生的 5.5 倍。农业户口学生中，获保送资格的比例为 0.3%；非农户口学生中，有 0.8% 的比例获得保送资格，高于农业户口学生。不同研究者的多项调查都表明，中国重点大学农村学生比例自 1990 年代起至 2010 年不断滑落，农村生源进重点大学的门槛远远高于城市学生。不同地区之间重点高校的招生差别达到几十倍。

要改变这种不公平状况，首先要找准造成这种不公平的真实原因。造成现有高考招生制度形式公平而实质上不公平的，正是行政主导、计划指标而排斥专业的综合评价的方式。现在再以单一的行政方式打补丁，只会进一步陷入其中而难以自拔。

稍年长点的人都知道，对贫困地区的定向招生在 1980 年代就采用过，该政策的最终结局就是在实施过程中存在太多不确定的缺陷。从最近两年的调查情况来看，以行政手段招生，其中依然存在灰色权力空间。一是贫困县内的指标究竟落到谁手中，二是高校手中的招生计划如何使用。如果缺乏专业的评价作规范，定向招生计划必然蛇鼠乱窜，产生新的腐败。

行政主导的计划招生以考分为唯一的依据本身就是非专业的，贫困地区定向招生计划又要以分数为依据，所以，教育部一面要求各地区因地制宜，实施地方重点高校招收本地农村学生的专项计划；另一面又在《关于做好 2014 年普通高校招生工作的通知》中强调，加强特殊类型考生录取情况公示，考生违规事实记入高考诚信电子档案，各地不得降低标准违规指名录取考生。这种明显反向的要求在没有专业评价和准则的情况下，正好为灰色权力运作准备了更充分的理由和更不确定的发挥空间，也是造成新的不公平和腐败的缺口。

这种行政主导打补丁方式所能惠及的仍是局部学生，认为这些措施是"照顾""倾斜"的看法本身就是违反公平的。如果要系统维护公平公正，就应以专业的方式，依据各地教育条件将考生的考分乘以当地教育条件的系数，再作为高校录取的依据，这样能系统维护所有考生的公平权利，而非仅是被列入招生计划的学生。当然，若将这一方式集中由行政主体使用，又会产生问题。比较科学的做法是，由各高校在招生过程中自主掌握这个尺度。

二、放权高校

从宏观整体的设计看，设置招生指标的方式本身就是计划的产物，如果没有计划就没有指标。而这个指标自然掌握在一定权力的人手中，权力人在分配指标时，无论是贫困地区，还是其他地区，都存在权力的博弈。在任何一次博弈中，肯定是权力强势的一方胜出，这就是2002年定向计划实施的第一年某市重点大学入学比率较上一年明显升高背后的奥秘。所以，仅仅指望采用计划指标的方式，新一轮的教育不公必将产生。

所以，在目前的境况下，要真正切实实现高考招生公平，更需要充分发挥独立第三方专业评价的作用。有人举例说，欧美就有政府采取行政手段要求高校招生贫困和弱势族群子弟的做法。但不要忘记他们整体的高校招生制度是以专业为基础的，政府基本上不参与高考招生，也无所谓计划；而中国恰是行政主导的招生，专业发挥作用的空间较小，在这种情况下继续强化行政手段就会使天平倾翻，公平的根基进一步弱化。

教育原本就是一项专业工作，在作为教育环节之一的招生中不充分发挥专业的作用，不通过专业的方式、路径选拔人才，过度使用行政、计划、指标的方式来解决眼下的问题，必然引发一系列后果，比如，高考移民、高校与考生间的互不认同导致学生即便入学却难以成才、不同地区考分不等值、在列入计划的考生与未列入计划的考生之间人为扩大差距，整个高考招生制度失去一致的公平尺度，从而造成诸多新的不公平。

当下中国，改善高考招生公平状况最为急迫的是扩大高校自主权，把权力下放给各个高校，让高校成为招生的真实主体，各校建立自己专业的招生团队，依据考生的学习条件对他各方面作综合专业评价，建立公开、透明、可监督的程序，朝着一个更加全面、更加彻底的专业方向努力。这样做，比简单用行政计划手段招收学生好得多，才是一个系统良性的改进过程。

改革是通向人民满意教育的主要路径

在制定《规划纲要》时，温家宝特地嘱咐在这个文件的名称上要加上"改革"二字，说明他意识到中国教育"改革"比发展更为紧迫。

而现实是，教育改革举步维艰，一些制约教育变革的关键因素没有改变，其中最为主要的是教育观念、社会管理体制、教育评价机制，这三方面都受到官僚化、行政化管理模式的强行绑架，以致挪动一点都会触动整个社会神经。而不加改变，人民对教育就不会真正满意。

教育改革的关键是要将长期以来当作工具的教育，变为有自主性的教育，使教育成为一项有信仰的专业工作，再通过以《宪法》为基础的相关教育法律建设，为教育变革提供坚实的保障，如果做不到这点，教育就无法有真正的改革，人民也就无法真正满意。检验人民对教育是否满意，不需要设计复杂的调查问卷，只需要看看民众是否真心想把孩子送进某所学校，如果老百姓还在用脚投票，即便某个调查的满意度很高，也不能说明人民就满意了。目前，人民对教育的需求不再是有没有的问题，而是满意不满意的问题。解决这个问题本身不可能还是以粗放式的发展为路径，而是需要以公平、专业、民主、开放为基本原则坚定不移地改革。

然而，事实上，这些年的教育改革呼声，不仅没有唤醒真正的教育改革，反倒是唤醒了教育改革的阻力。有鉴于此，教育改革不能再喊下去了，而是要拿出实际的办法做起来。对此，温家宝说过这样一句话："要推进社会主义民主法治建设。坚持人民主体地位，发展更加广泛、更加充分、更加健全的人民民主，保证人民依法享有广泛权利和自由，促进人的全面发展。"这才是教育改革所必需的前提条件。

希望中国教育更加公平、科学、人性

30多年来，我发现教育中最普遍存在的问题是常识的丢失和事实真相的掩盖，由于很多人把常识当成一个很高深的东西，具体的教育教学常常走进违背基本规律的误区。

所以，如果要讲我对教育的希望，我觉得要做一些普及工作，把常识普及到民众当中，其中影响面最大的常识就是要使教育更加公平、更加科学、更加人性。

就公平而言，务工人员随迁子女异地高考，寒门子弟上好大学难，农村学校过量拆并，校车事故频发，打工子弟学校被关闭，择校现象加剧等，都是当前教育公平存在的突出问题。尽管各级政府和社会为实现教育公平采取了一些措施，但整体上教育公平状况依然不平衡，实现教育公平的体制与机制并未稳固建立，亟待调整政策、制度，建立公平发展的基石。

人们渴望平等地接受教育的愿望更强烈了。不公平的教育本身就是一种具有强大负面效果的教育，而教育公平状况的改善依然阻力重重。在解决教育公平问题的过程中，完全寄希望于通过增量实现公平的愿望不切实际。如果不解决人与人之间的权利平等问题，真实的公平永远不会实现。

在教育公平上亟须解决的具体问题有：农民工随迁子女流入地升学问题、农村中小学合理布局和师资均衡配置问题、高校招生公平问题等。这些问题必须在当事人充分参与的基础上，从发展规划、办学条件、教育经费、教师配置、教育质量、评估标准等方面，采取一系列有效措施，才能得到适当的解决。

就科学而言，人们对教育规律的认识和重视程度还很不够。由于管理、评价、观念等多重因素的作用，"反教育"行为以多种形式在各地屡屡发生，虐童、吊瓶班、取消长跑等就是例证。

遵循教育的基本规律，首先需要改变观念，真正做到以人为本，以学生的成长发展为基本目标。教育本身不能功利，教育的评价标准应该是多元化的。类似这些都是一些基本常识，但几十年来，我们的教育被引向了一个狭窄的通道，导致很多问题越来越严重，甚至走入恶性循环。要解决这些问题其实并不太难，关键是要让更多人了解教育的基本常识，认识并尊重教育的规律。

尊重教育的规律，更需要改变管理与评价体制。实现公共教育的管理、评价、办学三种角色分离，才有可能办出多样性、公平性、个性化的教育。管理体制改进的重点，一是完善民主决策机制，把公众参与、专家咨询、风险评估、合法性审查作为必经程序；二是建立健全第三方评价体系，将专业评价作为检验政绩的依据；三是落实和扩大学校、教师、学生的自主权，推进管、办、评分离。

返还学生的学习自主权是尊重教育规律的前提。学生学业负担过重的根本原因是在现有教育管理和评价体制下，学生的学习自主权被过度剥夺。学生没有时间和精力去做自己想做的事，玩自己想玩的游戏，生成自己的兴趣。不容许学生行使其学习主人的权利，久而久之，中小学生不只课业负担过重，还丧失了独立思考、实践创新能力。同时，教师的教学自主权和学校的办学自主权都远远不够。切实将学生成长发展的具体真实需要作为教学、管理和评价的第一依据，才能切实保障学生学习的自主权。

就人性而言，问题更为复杂。从教育角度看，最重要的就是做人的教育亟待改进。

当前，公民意识教育严重滞后。国民不了解自己有哪些权利，也不了解作为社会成员应该对国家和社会所承担的责任和义务。不少人简单将这种责任和义务等同于服从，甚至将服从等同于爱国，反而将独立思考的人当作不爱国的"卖国贼"，或认为自己只需关心自己的家庭和亲属，对其他人所遇到的困难和遭受的苦难可以漠不关心，等等。这些都与公民意识教育不够或不当直接相关。

在教育中重视分数，忽视培养学生健全的心智，主要危害为：学生科学素养不足，勇气、胆量、正直和诚实的品性严重缺乏，导致中国社会普遍存在"面子"重于"里子"的心理，阻碍着人们接受真理并尝试富有意义的生活，没有勇气追求自己认为正确的事情；过于依赖运气或身边的权势，不愿探求规律并为之付出努力；缺乏冒险精神，不想经历风险寻求完善内心和改善自己生活的机会。这些都与过于功利和片面的应试教育长期盛行直接相关。

教育必须有人性的纬度，真正尊重人性。每个人都有自己不同的个性，如果用一个标准衡量所有人，那一定是杀人的教育。只有当每个人的个性得到充分展现，教育的评价标准是个性化的、多样化的，才能使教育产生正能量。

当前最为急迫的是健全教育价值取向。教育是为了实现人类的更好发展，是为了寻求真理，改善生活，完善人格，获得幸福。必须改变当下教育只是身份和地位象征的功利价值取向，彻底改变师生仅仅通晓考试却很少关心真理和美德的状况。切实将教育定位为基本的民生，定位为使人的天性获得弘扬而非遭到毁损，使它成为民众追求幸福的现实路径。

禁校企提名院士仅是向学术评价回归的起点

2014年6月11日，中国工程院表决通过了《中国工程院章程》修订案，新章程明确了院士候选人的两种提名渠道：一是院士直接提名候选人；二是委托有关学术团体，按规定程序推荐并经过遴选提名候选人，它取消了高校、企业等的提名资格。而6月10日审议的《中国科学院院士章程》，在院士提名、票选、退出等机制上也作出了与《中国工程院章程》类似的修改。

取消高校、企业等的提名资格，无疑是种纠偏——事实上，它们的确不具备院士提名推荐的条件，因为它们没有独立、客观的学术鉴别能力，也缺乏学术信誉作担保，在推荐时往往是一个个公章向上递材料，一旦出了问题又找不到具体责任人，使得推荐的责权主体模糊化。而就那些行政部门而言，它们本就是专业学术的外行，让其参与院士的遴选是行政管理体制下的产物，由它们荐选院士就如同盲人骑瞎马。

但它们又是利益实体，附着于院士头衔上的利益，为它们所看重。在此情景下，它们也有了"干扰院士遴选"的利益驱动。应看到，院士遴选经常受到各种干扰波，不少地方省长亲自出马跑关系，而"官员院士"也时有曝出，张曙光将受贿款用于院士评选，更引发公众哗然。而收窄具有提名资格的主体面，就指向矫枉。

取消高校、企业等单位的提名资格，让人欣慰。但它也并不完全等于院士遴选就能"突出学术导向"。

首先，仍未被架出提名渠道外的部分组织，如各地科协，是否会成院士评选"向学术归位"的掣肘，还不好说；再者，院士评选背离"学术本位"，是嫁接在学术评价体系难去行政化的土壤上的，如今将高校、企业提名资格取缔，释放出了去行政化的信号，却难根除其土壤。一个显而易见的问题就是，条文虽然改了，某些行政主导的评价体系仍未改，去行政化显现出一片云彩，但尚缺乏坚实的根基，尚不能由此就判断已取得关键性突破。还有就是，院士遴选过程中的第三方监督机制匮乏。

剥离校企提名资格，之所以是好事，就源于其内蕴的"去行政化"的价值取向；但靠行政力量才能推动的改变，是无力彻底跟行政化切割的。就此而言，剥离校企提名资格，不是院士遴选回归学术评价的终点，而恰是院士制度继续"刮骨"的一个新起点。

幼儿教育要走出政府包办观念建立良性生态

谈到发展幼儿教育，大家都希望政府做的事多一点，其实这是一个误区。1950年以后，中国的教育管理就走了政府包办的路子。现在出现的很多问题，根子就在政府包办。不是政府管得少了，而是政府管得多了。如果我们再过多地要求政府怎么做，可能会使问题加重，而不是减轻。所以一定要界定清楚政府该做什么事，不该做什么事；政府该出什么政策，不该出什么政策。在学前教育领域，政府到底要在哪几个点上发力？我不赞同搞很多全国性统一政策，一定要给地方留空间。如果教育部挖了各个省的权利，各个省挖各个县的权利，最后挖的是各个幼儿园的权利，导致幼儿园办园没有自主权，反而让我们的幼儿园没法办，很多的问题没法解决。制定规划或者政策，一定要把界线分清楚，要减少政府对下面的干预，而不是增加约束。

未来需要做什么？我认为有三个方面。

第一，要建立良性的生态。在义务教育阶段，生态环境不良，导致村里的孩子到乡里上学，乡里的孩子到县城或者是市里上学，市里的孩子到北上广去上学，北上广的孩子到国外去上学。在幼儿园阶段，这个问题也已经开始出现了。如果幼儿园的问题解决不好，就不能够形成良性的生态。2008年参与《规划纲要》制定的时候，我提出要依据人口分布按区划设置幼儿园，再按区划进行投资。我的意见没有被接受，而是采纳了办乡镇中心园的政策。我认为如果按照我的意见，各位教育局长所讲的村级幼教的问题就不会出现了。从长期来看，一定要把建立良性的幼儿教育生态作为目标，而不是简单地把办多少公办园作为目标。否则，投资未必产生收益，反倒有可能对整个幼儿教育事业造成伤害。良性生态的建立，对提升幼儿教育的质量和品质有利,最终受益的是老百姓,受益的是普通家庭。

第二,真正建立良性生态,就一定要保障幼儿园主办者的多样性。公办园不等于公平,公办园也不等于公益。民办园或私立幼儿园也不等于不公平、不公益。公平不公平要看老百姓是否受益。我的观点,政府的投资要保障社会底层的孩子享受到幼儿教育,这个问题解决了,不管是公办还是民办,不管是公立还是私立,财政投资的目标就实现了。私立幼儿园也是公共产品,是大家共同享受的。过去很长时间内,由于没有实现办学主体的多样化,就使得整个办学质量很难提高。我从1983年起一直在各地调研,看得很清楚,对公办学校或幼儿园投入得并不少,但是没有给当地的孩子提供优质的教育。工作懒散责任不明确,各种的问题都存在,公有体制成铁饭碗。当地有了民办园以后提供了更多选择,为什么有的家长愿意多交一点钱把孩子送到民办幼儿园去呢?家长的眼睛是看得清楚的。从2005年到2016年,义务教育阶段民办学校的在校生占义务教育阶段在校生的比例明显提升,私立幼儿园的在园生比例也明显提升。这些孩子大部分是留守儿童。这些留守儿童父母到外地去了,把他们放在家里不放心,如果放在公办校或公办园,由于公办校或公办园的老师有不少住在城里,早上要把自己的孩子送到学校去,才能来乡镇学校或幼儿园,晚上要早点赶回城接自己的孩子,这样一来在自己工作学校的时间就遭到压缩,照顾不到孩子,所以父母不放心。如果放到民办园,早晚都能管住了,学习上也可以抓起来,相对来讲比较放心。保障办学主体的多样性,家长才能有选择的机会,才能最终让老百姓受益。有的地方试行民办学校的价格放开,有很多人担心民办学校会提高价格,错了,你提高价格别人不选择你。整体趋势是降低了收费,因为不同民办园之间都在抢生源,最后谁的价格低就到谁那去。我认为未来的发展趋势,一定是维护办园的多样性,不能回到包办的局面。

第三,要避免政府的非理性做法。过去几十年,我作调查也作历史研究。因为权力不受约束,非理性就非常强。具体到学前教育上,其中一个很重要的方面就是入园率了。现在出现的很多问题,比如师资水平不高,就是因为入园率的要求提得过高。如果我们更专业更理性一点,就应该让入园率增长得慢一点。但是很多地方领导会不高兴,脸上挂不住,自己的政绩没有，别的地方到了一定百分比，我怎么这么低，上不去也得上，反正先把它提高上去再说。在某些地区，为了提高入园率，有人主张把没有登记的幼儿园，都计算到统计的数据中去。这都是非理性的做法。还有的地方政府投入巨资办豪华幼儿园，我就曾经在某个地方看到政府投入两个亿办了一所很大规模的幼儿园，当地领导带着我们去看，显示政绩。我问：你这个幼儿园能够解决这个区域多少个孩子的入园问题？他说能招收3000个孩子。我又问：3000个孩子在这个区域占多大比例？他说40%。这完全违背了幼儿园办园适度规模的要求，也不符合国家对幼儿园办园规模的规定。依据我长期进行的实地调查，比较理想的适度规模是幼儿园3个平行班，小学5个平行班，中学8个平行班，这样质量才能有保证。如果超过的话，质量不会高，不能做得精细。地方政府办大园的现象还是普遍的，总是想把别人比下去。另外，各地出台强制性的要求也很普遍，比如要求公办和民办的比例达到多少。这种做法对事业的长远发展不利。作规划一定要理性，不要头脑发热。一定要搞清楚这级政府能够控制的资源是什么，当下需要解决的主要问题是什么。把这些搞清楚之后，筛选最主要的问题。筛选那些我们掌控的资源能够去做的事来做，比方说教师的问题、督导的问题、第三方评价的问题，而不是什么事都抓。有很多的媒体给我打电话：你看政府哪没管到？我说：你们都期望政府什么地方都管到，最后什么问题都管不了，最后造成什么事都没有解决好。

中国教育的文化自信从哪里来

中国教育要建立自信，至少包括三个层次。第一个层次，就是中国教育自信建立在中国广博的文化根基之上。第二个层次，当今中国人的教育自信要建立在对包括中国在内的世界教育的全面了解的基础上。第三个层次，就是我们的教育自信要基于专业理性，而非简单地与别人比较。

第一，中国教育自信建立在中国广博的文化根基之上。在整个人类历史进程当中，中国的历史文化久远、丰富，有它的立足之地。在古代，不仅拥有儒家教育思想，也包含诸子百家等丰富的教育思想、教育文化。这些都是我们可以作为教育基础的文化。我个人曾经作过一些研究，出版过《中国近代大学精神史》《中国大学精神的历史与省思》《中国教育六十年纪事与启思（1949—2009）》等著作，还对陶行知等一些教育历史人物进行过研究。这些都是基于历史的角度，进行价值判断。我感到，只有对历史有一个充分的认知以后，我们才会有这种文化的自信。

第二，中国教育自信不仅仅是建立在中国文化的基础上，而应该是建立在包括中国文化在内的全球文化的基础上。为什么这样说呢？事实上，近五百年来尤其是1840年以后，人类交往逐渐增多，客观上没有一个纯粹的中国的教育，没有一个纯粹的中国的文化。教育和文化，中西是交融的，我们所教学的数学、物理、化学等理科的内容，主要是从其他国家，从其他的文化中学来的。即便是人文方面，哲学领域，在1914年以后，我们也大量地接受了欧洲的新教育以及美国的进步主义教育、国家主义教育等思潮的影响。当今人类社会已经进入了一个全球化的时代，因此，我们不可能回到那个孤立地讲中国文化的基础上去，中国文化自信也不可能找到一个完全剔除其他文化影响的文化基础。

为此，我们真正要建立自信，就不能回到封闭的老路上去。要避免对立主义的立场，不能将其他国家的优秀的文化和教育排除在外，只讲本国的东西，认为只有本国的文化和教育才是值得自信的。封闭和孤立都不可能真正建立自信，孤立的自信，就是一种自负，就容易使得我们的教育和文化失去平衡，难以持久，对学生健全人格的养成也会带来不良的影响。因此，我们需要进一步开放，建立面向未来的更加开放的心态，着眼整个人类的文化，作为我们自信的基础，以完整全面的视野建立自己的文化自信和教育自信。

第三，中国教育自信是建立在专业和理性基础上的。如果没有专业性，自信实际上只是一种世俗的情感，而不是拥有坚实基础的自信。如果没有专业的基础，我们就缺少对文化的分析鉴别。不管是中国的文化，还是西方文化，它本身都不是十全十美的，既有积极的因素，也有消极的因素。

只有我们有了清醒的理性，有了专业的判断，才有可能分析得清楚什么文化是有利的，文化的哪一面是有利的，哪一面是有害的，哪一面是要清除的。我们中华文化的庞杂性和复杂性，决定了不是每一种文化都需要自信。以"追求做人上人"为例，这也是中国文化，但我觉得没有必要把它作为我们自信的基础。我们应该改变它，努力建立一个人人平等的社会，要尊重人，建立人与人之间平等互助的关系。

教育的文化自信的建立实质上是一个对文化理性认同的过程。筛选文化、教育中与社会发展的曲线一致的认识，对它们进行分析、判断、鉴别，然后在这个过程当中形成自己的认同。实际上，文化发展的一个机制就是认同，主要是对过去历史文化积淀的认同。

现实确实存在一些人对中国的一些历史文化，缺少了解，所以缺少文化认同。一些学校可能表面上很时尚、很光鲜，但事实上它处在无根的状态；一些学校找一个历史名人来作为它的标志，但或许他们对历史名人并不理解，缺少对名人内涵的挖掘。这些现象都是缺乏自信的非理性、非专业的表现。

影响中国教育自信的关键性因素是什么？我认为有两个。第一个关键因素是教育和文化的过度组织化。过度组织化所导致的就只能是指令和服从。

只有指令和服从的时候,人就不能自主地思想和创造,文化就不可能正常地生长和发育,正常地传播。这也是几十年来,中国教育当中文化自信缺失的重要原因。文化认同的前提是人有自主性,能够自主判断、自主分析,否则,理性和专业都不可能生成。

第二个关键因素是过度的标准化。只有正确和错误之分,掩盖了文化本身的多样性。在文化当中没有一个简单的对和错的区分,但是过度标准化的教育必然地要区分出对和错。这种标准化就不利于文化的发展和自信的建立。在现有教育体制中,标准答案和考试分数支撑着整个教育评价体系。和标准答案一致就给分数,和标准答案不一致,即便这可能就是创新的开始,也要扣分,让人无法通过考试进而上不了更好的学校;而非通过丰富想象发展人的创造力进而使其成为一个创新人才,通过实证发展人的审辩能力而使其成为客观公正的追求者和维护者。由于想象和实证能力未能得到充分发展,人的知性不够健全,进而转换为在德性上缺少正直和道德判断能力。这样我们教育中的文化自信就慢慢消失掉了。

所以,要建立教育自信就必须消除或削弱这两个关键因素。其一是消除过度的组织化。倡导和建立一种鼓励自由想象、自主思考和合作创新的文化氛围,改变因循、依赖、沿袭乃至抄袭的常态,为教育拓展更大的空间、更丰富的内容和方法。这就要求政府部门简政放权,积极推进教育管、办、评分离改革,培育社会专业组织机构,激发学校的创造自信和活力。其二是消除过度的标准化。改变简单的对错评价和单一的分数评价标准,建立多元化的教育评价标准,促进不同的教育者和教育机构在专业理性的基础之上,对不同的文化进行辨析、判断、选择,对教育上各种流行的概念、理论、模式等进行实证研究,基于自身实际进行创造行动,进而形成多样化的文化和教育生态。这样才有利于我们更好地建立教育自信。

在中国当下,实现教育由行政化、单一化向专业化、多样化的转变是教育改进的大方向。专业化、多样化的教育和学校才能满足天性不同的孩子自主选择的需求,才谈得上是适合的教育。这就要求教育者释放想象空间,用实证的方法挤掉各种泡沫和虚无缥缈的幻想,熟练使用"想象－实证法"去分析和解决教育问题,形成新的教育图景并寻找实现路径。

良好的教育生态应遵守校际伦理

校际伦理是词典里没有的词。本人在进行了长期大范围调查后，发现中国不同学校之间存在大量责任与义务关系的问题，也存在学校之间平等与尊严问题，于是在脑海中产生了校际伦理的概念。

通常伦理指的是人与人以及人与自然的关系和处理这些关系的规则。在中国文化里，曾将"天地君亲师"称为五天伦，君臣、父子、兄弟、夫妻、朋友称为为五人伦，将忠、孝、悌、忍、信作为处理人伦的规则，这些都具有特定文化和社会的相对性。在普遍意义上，伦理是一门探讨什么是好坏以及讨论道德责任义务的学问，是指导行为的观念，是对道德现象的哲学思考。

在人与人的关系基础上，必然构成人与社会以及国家的关系，人与自然的关系，在这些关系的中位区间会出现人与特定组织、机构、行业的关系，任何持续影响全社会的团体行为或专业行为都有其内在特殊的伦理的要求。企业作为独立法人有其特定的生产经营行为，也有企业伦理的要求，学校作为与道德建构高度相关的机构也必然要遵循其伦理规则，不同学校之间的关系需要特定的准则进行调整，这一切都说明校际伦理的存在和重要。

然而，现实中令人诧异的是，一方面存在大量校际伦理的问题，另一方面又对校际伦理处于无意识状态。

现存的校际伦理问题最为普遍的是不同学校之间的不平等：城乡之间的不同学校，不同地区间的学校，同一地区内的不同学校，分为三六九等；不同类型的学校，比如职业学校低于普通学校，私立（民办）学校低于公办学校；不同学段的学校，似乎总是高一级学校高于低一级，大学高于高中，高中高于初中，初中高于小学，小学高于幼儿园。总体上，又似乎总是地位较低的学校向地位较高的学校尽义务，地位较高的学校有更多的权利，可以高高在上享受其他学校的谦让与供奉。

至于对校际伦理的无意识则遍布整个社会，不仅不同学校对司空见惯的责任与义务不平等、地位不平等没有提出异议，学生、家长、社会各方乃至政府也都对此安之若素，就连那些地位被贬低、权利受损的学校也只好认命了。

将不同学校分为三六九等实质上就是将不同的人分为三六九等，将不同学校的师生分为三六九等；不同学校之间的责任、义务和权利的不平等，必然造成不同学校师生责任、义务、权利的不平等，最终造成整个社会的不平等，所以校际伦理问题又是深潜于社会的社会问题。

这些问题的外显是一些地方利用特殊手段打造"牛校""牛班"，造成县一中现象、学校之间的不均衡、资源配置不平等。本来，学校之间发展应遵循一些基本规则，有一套校际伦理；学生受教育权利应是平等的，成长发展需求也具有多样性。但是，长期以来校际伦理被特殊的手段与权力打破了，多样性发展需求也未受到应有的重视，学校的关注点集中在分数上面，所有学生都按考试分数排队，看分数可以不讲伦理，这样的教育理念和定位导致社会上一批"牛校"出现的同时校际伦理再无任何约束力。

违背校际伦理的教育更大的危害在于它会教育出没有人际伦理的人，从这样的学校出来的人会认为自己享受特权是当然的；另一方面，从这些基本权利受损的学校走出来的学生要么心怀自卑、仇视，要么无视伦理以各种手段攫取他人本该享有的权利，冲击了整个社会的伦理。所以，无视、违背、冲击校际伦理实质上是在培养社会伦理的掘墓人。

什么是冲击和消解校际伦理的原始动因？结论是不当的教育管理。一些地方教育管理者为了政绩，急功近利地用财政资源和政策手段堆砌重点学校、示范学校，造成当地学校生态被破坏，伦理底线被冲破。

正因为此，改变当下校际伦理失序需要从教育行政部门做起，政府应在政策和财政资金分配上平等对待每所学校，不再把学校分成三六九等。各校也要自觉意识到学校无论大小，在从事人的教育方面是平等的，应当平等相待，走特色发展之路。社会给学校寻求多样化发展的空间，同时强化校际伦理的建设；学生、家长需理性选择真正适合自己的学校。

教师当下最需要的还是尊重①

教师是教育工作的主体。截至2016年,全国各级各类专任教师共计1578万人,由于人多量大面广,社会情况变化较大,依然有不少急需解决的问题。

比如,2016年全国学前教育专任教师223.2万人,比2012年增长50.9%,快速增长的部分原因是受到当地追求提升入园率的政绩的拉动,而不少新入职的幼儿园教师并不具有合格的资质,将会在未来的较长时期影响到幼儿教育的质量。2016年全国义务教育专任教师927.7万人,比2012年增长2.1%,增长量较小的原因在于生源数量下降。其中存在的问题是城镇教师因大量学生流入而显得不足,乡村教师因大量学生流出而出现生师比很低的情况,而且由于乡村教师质量偏低造成这一问题仍在恶化。

乡村教师问题是有关教师的最大的问题。2013年9月启动全面实施乡村教师生活补助政策,中央财政核拨综合奖补资金112亿元,覆盖中西部708个连片特困地区县,惠及130多万乡村教师,目前全国的乡村教师生活补助人均月标准近300元,其中少数地区最高的人均月补助标准达到了2000元。2015年国务院办公厅颁布实施乡村教师支持计划以来,乡村教师的待遇和地位有所提高,全国300万乡村教师获得感显著增强。同时又需要看到各地的情况不平衡,说了几十年的教师工资收入不低于当地公务员的要求在不少地方尚未实现,甚至在不少地方乡村教师的工资低于当地外出务工的农民工,由此影响到真正优秀的人才进入教师职业。

---

① 原载于《教育家》,2017年第9期。

年长的人常有一个感觉,现在教师的学历水平大大提高了,名头也多了,培训下大力气了,各种计划不少,质量未必有多大的提高。不少人觉得1980年代的中师生质量很高,其深层原因就在于同龄人中有多大比例的优秀人才选择从事教师了,当下优秀人才选择从事教师工作的比例远远低于1980年代,成为一个亟待通过相应措施解决的问题。

这个问题的解决当然需要一批有献身精神的人,需要教师爱岗敬业、无私奉献、教书育人,为国家繁荣、民族振兴、教育发展作出历史性贡献。而就政府、社会、家长和学生而言,对教师的尊重不够依然是教师方面各种具体细节问题的根;或者说,全国1578万教师当下最需要的还是尊重。这种尊重既需要体现在宏观层面的国家政策、政府行为,也需要体现在教育教学管理、评价等与教师工作相关的各个环节,还需要体现在学生与教师、家长与教师、各种社会成员与教师的日常交往之中。

以每年一度的教师节为例,这个本该体现尊重教师的日子却常常出现不尊师的现象。

自从1931年中国开始有教师节,至今已有86年。若从1985年1月全国人大常委会通过教师节议案确定每年的9月10日为教师节,到现在也已经32年了。受到各种社会风气左右,教师节过着过着便偏离了它的本义,于今竟有许多人不知道它究竟原本是个什么节了!

比较普遍的现象是,不少地方把教师节变成学生给教师送礼的节日,于是不同家庭背景,不同个性和观念的学生怎样给教师送礼成为每年教师节的一道难题,众多教师不知如何应对,原本正常的师生关系无形中被扭曲,原本良好的教师形象也被这面哈哈镜照得变了形。

还有一些人想借教师节表现自己:领导想借此展现形象;商家想借此做生意,打着尊师重教的名义搞促销;文化人以此作诗词歌赋;家长想借此增高自己和孩子在教师心中的地位;其他各种社会行当的人也以教师节为名以各种形式实现自己的目标。原本纯净的教师节被画了个大花脸。

当然,引发教师节含义偏离的还有一些政府管理部门的不当行为。一些地方的教师节变成了"名师节""模范教师节",组织开展活动都只有"优秀教师""特级教师""最美教师""教育系统劳动模范""有突出贡献的教育专家"们参加，与大多数教师无关，使得这个节日只是少数教师的节日，在普通教师心中这个节日已名存实亡。

还有不少地方把教师节当作"教育"教师的"契机"，召开大会，表彰奖励，领导讲话，学习报纸文章，把教师节当成了"教育教师节"，客观上把老师当作"教育对象"，缺乏对教师起码的尊重，引发不少教师心中不悦，以至于有些教师提出要废除教师节。

设立教师节的本意就是尊师重教。1983年3月全国政协六届一次会议上，方明和民进18位政协委员的联名提案中就明确提出"为提高教师的社会地位，造成尊师重教的社会风尚，建议恢复教师节"。在尊重教师方面是不是就无事可做了呢？恰恰不是，安徽几个男生群殴收卷的马老师，背上被贴乌龟的聂老师，不少地方被欠薪多年的老师……诸如此类的现象还有不少，说明现实离教师节设立时所想实现的目标还有较大的距离。整个社会离尊师的起码要求还有较大的距离。正是这个距离让优秀人才远离教师职业。

尊师重教首先要由政府和政府的工作人员带头做，把尊师的底层工作做好。与其把众多教师召集起来开大会，还不如领导们分头到切实需要解决问题的教师那里谈谈心，听听他们的诉求和心声，心平气和地商讨对策，解决他们的工资、住房、医疗等方面的实际困难和问题，保障每一位教师都能按时足额领到自己的一份工资；每一个教师不再需要应对太多的评比检查，都有属于自己的完整的假日；每一位教师不再在升学率中苦苦挣扎，都能保证足够的睡眠时间；每一位教师能够自主确定自己每年9月10日的时间安排，而不是被安排；每一位教师能有更多的教学自主，走在大街上能真正为自己的职业而由衷自豪，从而能吸引更多更优秀的人从事教师职业。能如此，教师节的尊师工作就基本到位了。

学生和家长尊敬教师同样还有大量的工作可做，不要简单认为给教师送礼就是对教师的尊重。怀着功利的动机送礼实质上是收买，恰恰是对教师的亵渎，让"教师"这个词沾染俗气。真正的尊重是有言行外显而不需要利益输送的内心状态，是感受到教师真心诚意地把他的学生当成自己的小孩来教育，学生和家长也是真心诚意地把教师当成自己生活中很重要的人来看待，是内心的同频共振、信赖、敬重和感激的自然表达。如果尚未有这种情感、精神联系，就需要对教师的工作有更多的了解，不妨把了解当作建立尊重的起点，避免在不了解的情况下武断以为教师不值得尊重。

教师节应该属于每一位普通的教师，每一位教师都应得到无差别的尊重。不少人常以某某教师不优秀、不杰出、某件事上做得不好为不尊重的托词，这样的想法在逻辑上是站不住的，也是导致尊师大堤崩溃的蚁穴。因为现实中不存在完美的教师，尊师源自其自身职业特质和需求。

教师的工作在很大程度上决定着每个人的未来，尊师重教不只需要口号，而需要全社会的政府职员、家长和学生等每个人真诚尊重教师的言行，营造尊师重教的氛围，提高教师地位，保障教师权益，并引导学生和家长用恰当的方式表达对教师的尊重。

对教师的尊重获益的远不止是教师，而是整个社会。

PART 5

第五辑

理想大学的应有样态

师生，大学理所当然的主人

大学之大在于学。谁在学？师生。师生永远都是大学当然的主人，只有把师生当大学的主人，才能真正确立学术本位的价值，促进学术自由。世界各国的大学都通过一定的制度来实现这一目标。

中世纪大学就是主要由学人管理学术活动。中世纪的大学高居象牙之塔，是一个"按照自身规律发展的独立的有机体"，它摆脱了外界的束缚，放弃了暂时利益，成为保护人们进行知识探索的自律的场所。学人对大学的各项活动加以指导、咨询；学人直接参与大学管理和决策，对大学发展的重大事项行使决策权。

英国大学大都设置学术评议会、学部、学院及学院委员会等学术机构，负责安排或执行教学、科研等所有学术事务和活动，与以理事会为主的发展决策机制及校长负责的行政执行机制形成既相互独立又相互关联的权力制衡格局。这些学术机构组成人员大都是知名教授、学术带头人，大学的校长在其中只有执行权，其他行政人员基本上没有发言权，仅仅是遵命执行而已。

在德国大学里，评议会是主要决策机构，也是最高权力机构，对学术事务以及重大的行政事务拥有审议决策权，也负责选举校长和批准学校章程，组成人员以教授为主。按《联邦德国高等教育法》的规定，本校教授在这一机构中拥有绝对多数的席位和表决票。另外，系的最高权力机构——系务会以及最基层的学术机构，都是教授居于绝对支配地位。

美国的情况比较复杂。全美大学教授联合会（AAUP）曾于1971年就美国大学中教授参与决策的情况作过一次调查，发现教授参与决策的程度在不同大学有很大不同，对不同类型的决策参与度也不同。一项调查表明，在

584个被调查大学中，教授参与课程决策和教员管理决策的比例最高，分别占84.08%和74.25%；教授控制教员任命、职务提升和终身教职（APT）决策及个人绩效评估决策的比例居中，占40.28%；而教授参与学校财务决策的比例最低，仅为15.03%（其中参与长期预算决策的比例仅为7.02%）。

由上可见，以上大学都通过特定的制度设计保证教授在大学中的主导作用，保障师生的主人地位，学术权力与行政权力相互渗透，学术权力起着主导作用。

保障学人成为主人的关键是在政府与大学之间找到合适的衔接，多数国家采取政府间接治理大学的方式，引入契约式管理模式，通过社会中介机构与大学进行联系。社会中介机构在政府、社会和大学之间寻求平衡点，在学校和政府间设立缓冲器，既有利于维护大学的自由，国家又能施加影响。正如"拨款委员会"既渗透表达了国家的大学意志，又依据学术和教育标准分配大学资源，引导大学尊重学术自身的逻辑。

学人成为大学的主人不只是相对于行政权力而言，还应该相对于市场的压力。工业革命使知识的价值被赋予了新的意义，传播知识的学院和大学再也无法回避周围人们的需要。大学提供多样化教育服务的同时还提供更广泛的社会服务。接受市场的调节，适应社会的需要将成为大学自觉的选择。然而，从学人或专业的眼光看，大学不能像其他行业那样面向市场。即使是一些市场经济发达的国家，政府也努力避免高等教育事业的市场化。

20世纪80年代，加强高等教育的市场调节性成为市场经济发达国家大学改革的一个大方向。英国在撒切尔夫人执政期间，积极推行市场化、私有化政策，主张入学应与其他商业服务行业一样，受市场规律的制约。为此，英国政府在80年代末的高等教育政策上向美国学习，引进市场机制以增强高等教育的活力。德国《世界报》也曾指出，美国可能将是德国改革高等教育的榜样，并认为把市场经济原则运用于高等教育是一个发展方向。不仅发达国家如此，发展中国家和地区也在积极地推进大学的市场化。大学自主权利的强化、私立高等教育的兴起、教育公司的出现等，都为高等教育的改革注入了活力。长期在高度计划和集中控制下的中国大学教育更需要由原来单纯的政府调节变为市场调节，在这种调节过程中，真实的主体应当是学人，而非靠政府的指令来运作。

　　大学完全由政府来办，直接由政府做股东，会使大学丧失成本意识，因为没有成本意识就不会去追求效益。无论从经济学还是教育学的角度来看，这都是失败的。只有学人成为大学的主人，才能更好地面对市场的竞争。

　　无论一个国家的富裕程度如何，也无论财富集中与否，市场调节的最大作用就是能够使资金流向最需要的地方。开放的市场有助于引导资金的合理流向。政府做东就免不了巨额浪费。学人成为大学的主人，办学主体的多元化，通过"产权联结"的方式吸收社会资金，其本身就使得学人自主性得到了充分体现。

　　教授应代表学校的学术发展方向，这样的主张在国内并不缺少，也有人明白应该由学术指导行政，而不是行政主导学术的道理，但现实中缺少保障这些主张落实的管理制度，使教授这个群体在很多方面失去了话语权。教授治校曾是蔡元培等一批中国学人倡导的传统，它在现实中遇到的尴尬处境其实是大学追求自由、理性的本质与社会限制性之间的矛盾，妥善协调二者的关系应该是中国大学管理制度改革的重点。

　　从长远发展看，需要学习和借鉴人类大学发展的成熟经验，使以学术权威为基础的大学学术权力制度化，建立起学人是大学主人的组织保证，排除僭越大学权力的其他权势，确立学术权力在校内各事务中的主导地位，才能保障大学的自由、尊重分歧、宽容异己、鼓励创造的氛围，才能形成思想活跃、心情舒畅、学术自由、百家争鸣的局面。

大学的职能是为学生实现人生使命服务

2014年，北京大学某常务副校长表示：有家长把孩子送到北大时这样说，"让你读北大不是为日后挣8000元工资，而是希望你当省部级官员"。这话让人痛心，是不正确的教育观。教育承载不了人成长的全部，也不能导致即刻的成功。

此话之所以引发社会热议，是由于双方的观念都相对狭隘，难以达成理解、包容。

从家长角度看，想当省部级官员总是一种比挣8000元工资更高的期望，相比那些仅仅希望自己孩子上大学后能拿到饭碗的家长进步了些，应该值得欣慰而不是痛心。无疑这种认识有些偏离了大学的职能，与蔡元培就任北大校长时所说"入法科者，非为做官；入商科者，非为致富"尚有一段距离。指望学生家长有蔡元培的认识不切实际，而造成这段距离的恰恰是官本位的社会环境，其中就包括一些顶尖的高等学府常以自己培养了多少高级官员为荣耀的宣传，以及常常让大官坐在主席台上，大学问家坐在主席台下的做法。作为大学学人，对此仅有痛心是孤陋、肤浅的，是不够的。

从校长的角度看，教育的根本目的其实应该是让受教育者变得更加文明、更加成熟，有自食其力的能力，同时能对社会有用，能成为合格的公民，这些东西在受教育者自己受益的同时，社会也就自然受益了。这里所阐述的可能更多还是基础教育的职能。大学是一种更专门的教育，大学的学生是有独立思考能力的人，大学的职能应更加明确定位于为学生实现依据自己的潜能和志向以及所感知到的社会需要所确定的人生使命提供专业的服务。

长期以来，大学将培养学生当作培养工具，几乎包办了学生人生使命的确定过程，将学生作了格式化的定位，这是培养不出杰出人才的关键性障碍之一。沿着这个思路，教育工作者习惯了以自己的人生观为学生确定人生规划，似乎校长在尚未深入了解学生的时候就能为学生敲定人生路向和目标，而不是让学生自主地作选择，或者对学生的自主选择横挑鼻子竖挑眼，使得长期以来大学的职能错位。

在这一案例中，家长也仅是为学生提供参考意见的一方，也不能以自己的价值观为自己的孩子定制人生使命，如果孩子为了实现自己的人生使命当上省部级官员，也不需要排拒；如果孩子为了实现自己的人生使命不可能当上省部级官员，也不必舍本逐末去当官员。现实生活中，由于突破做人底线当上高官而为自己的"发小"们不齿的大有人在，历史上也有不少人并非因为当官才为社会作出杰出贡献，比尔·盖茨、乔布斯都是大家熟悉的例子。

让孩子自己确定自己的人生使命，就必然是不同的孩子人生使命各不相同，就必然会在同一所学校里出现多种人生使命同时并存的局面。教育管理者不只不应该大惊小怪，而更应该悦纳、包容；不只不能采取强制措施让学生们整齐划一，还应该依据学生们各自所确定的人生使命为他们提供专业、个性化、及时、有效的服务。

那么，大学里学生人生使命的选择是否就泛滥无归了呢？并非如此。无论古今中外，大学学人的人生使命经过数千年的发展自然形成了两大领域：一是士志于道，探索和追求真理；二是明道济世，用自己所明了的真理去解决社会问题。经历了严谨的思考之后，学生选择人生使命时必然会在这两大领域的某个细化的方向上找到自己的定位。

大学在这个过程中是否就袖手旁观呢？也不然，而是要尽可能向学生展示各种可能的空间和路径，教会学生独立思考和辨别，教会学生认识自我和外界，告诉学生前人的选择和得失，如先贤以天下为己任之类，尽可能为学生提供知识及其他各种资源，将最终的选择和决定权留给学生。沿着这个方向努力或许能使一些学生自主抛弃学而优则仕那一途。

大学的兼容并包，不只是要对各样的选择做到包容，还需要对学生选择过程中的曲折做到包容，或许在某个特定的时间里某个学生的选择在某位教师看来明显是错了，教师所应有的态度不是疏远、鄙夷、冷淡甚至嘲讽，而应为他校正选择热心提供依据,顺其自然地让学生吃一堑后真正长一智。

　　明确了大学教育的职能定位,就应明确大学教育虽承载不了人成长的全部,却是学生人生发展和实现人生使命的重要始端,在这方面家长的期待比校长的看法更接近大学本质。大学确实不能导致即刻的成功,但大学不能不时刻注意到自己的当下举措应瞄准学生长远人生中的期待、期许、梦想。否则,学生有什么理由必须上你这所大学呢?

　　至于有多少学生经过自己慎重选择后还是瞄准高官和金钱,那就不是完全由大学能决定得了的,而需要陶行知所说的"改造社会"。

推动大学行政角色与学术角色分离

总体来说，我对高等教育界的期许，主要着眼于现代大学制度的建立方面。虽然这个话题谈了几年了，并不新鲜，却十分重要。各高校应该以制定或者落实大学章程为突破口，从而推动现代大学制度的建立。

在 2014 年召开的中共十八届四中全会上，依法治国的大方向又一次被强调。高等教育界应该借助于依法治国的大背景，在大学里推进依法治校。而大学里的依法治校对于大学来说，首要任务就是把大学章程做好。然后，高校再在可以操作的范围内把已有的或者即将制定的章程落地，不能仅仅把大学章程当作纸面摆设，一定要让章程落到实际工作当中。而在章程的落实过程中，最重要的工作就是建立健全专业的学术性组织，把专业的学术方面的权力交给它们。

就我国目前情况而言，大学并不是完全学术的，而是呈现出行政与学术交汇于一体的特性。就此，个人建议推动大学内部的行政角色与学术角色分离。进入行政岗位的人就不得保留学术职称，不得带学生，不得报课题，不得参与学术事务决策和评定。在 20 世纪 50 年代，行政岗位的工作人员是没有学术职称的。80 年代后期，一些已有学术职称的人走上了行政岗位，现在依然如此。因此，我认为大学内部应该推动这种分离。

针对中国目前的现实，很多人行政岗位和学术岗位混合造成了严重问题，如高校贪腐等。因此，教师进入行政岗位后，就不应该继续做学术。行政角色与学术角色彻底分离，可以解决目前中国大学里较为普遍的"官教授"现象。学者到了行政岗位，就不应该继续申报课题，不能让他们两边"通吃"。

在大学内部推动学术角色与行政角色分离，不仅是建立现代大学制度的内在要求，也是解决当下中国高校里许多严重问题的措施之一。虽然推进这一进程存在的阻力非常大，但是不可不为。

(《中国科学报》记者韩琨采访整理)

为生活而教育，为理想而大学

现如今的大学生大都面临诸多问题，比如进入大学后才发现自己不喜欢所学的专业；觉得学校开设的课程没有实际意义；不知道自己该学什么，该如何学；对于毕业后的出路感到迷茫；等等。其实人的生活可以分作物质生活、精神生活和灵魂生活三层。"人生"就是这样的一个多层结构，教育不是纺一条线，也不是织一个网，更不是编"美德袋"，做"知识框"，而是要陶冶一颗心灵。教育曾是少数人走向幸福的一条小道，然而多数人尚未走通，大家不妨想一想，要怎样将通过教育实现幸福的羊肠小道变为人人都能走得通的康庄大道呢？

陶行知，一位止于人民幸福的教育家。他止于人民幸福选择终身从教，止于人民幸福创立生活教育理论，止于人民幸福倡行民主教育。正如陶行知所说："人民贫，非教育莫与富之；人民愚，非教育莫与智之；党见，非教育不除；精忠，非教育不出。"他讲自己的志愿是要使全国人民有受教育的机会。与此同时，陶行知感到旧的教育实践和理论是吃人的教育，它不只叫人吃别人，还教人吃自己，是不可能创造人民幸福的，因此不仅要提倡新教育，还要建立教人创造幸福的生活教育理论。生活教育是要遂民之情、达民之欲，它要教民众做主人，做自己的主人，做政府的主人，而不教人吃别人。在陶行知看来，一方面要培养好领袖，另一方面要培养新国民。"教学咸得其宜，则国家造就一生利人物，即得一生利人物之用。将见国无游民，民无废才，群需可济，个性可舒。然后辅以相当分利之法，则富可均而民自足矣。"陶行知认为，中国将来是非民主不可的，中国的教育也是非民主不可的。养成共和的人民，必须用自治的方法。自治可以养成我们在公共事情上的愿力、智力、才力。专制生活中可以培养奴才和奴隶，但不能培养人做主人，只有民主才能解放大多数人的创造力，并且使最大多数人之创造力发挥到最高峰。

至于教育与生活幸福之间的关系，陶行知认为人类历史上存在两种教育，一种是吃人的教育，不教人创造富裕幸福的社会，不懂得合群生活才是生存竞争中最有力的武器；与之相对的另一种教育是创造幸福的教育。它倡导人们做人中人，提倡人人平等，旨在创造自己的、他人的，以及自己和他人共享的幸福。

那种教人吃人的教育，奉行"出人头地、光宗耀祖"的信条，并不缺乏"生存斗争"的智谋，让中国人心中深深扎根的文化心理是社会达尔文主义。正是这种弊端导致培养不出精神自立、服务群伦、领导世界的通才，酿造不出整个社会的幸福，才使得有的人吃自己，因教育而体质下降、自我毁损、创造力低下，难以成为一个正常自立的人；也有人吃别人，他们读书做官、发财，高人一等，剥削或掠夺别人。而追求幸福才是人的天性。人生的终极目的是追求幸福，一如"福禄寿喜"之说。社会发展的终极目标是社会所有成员的幸福。人类发展史是不断追求共同创建幸福、分享幸福、感悟幸福、学习幸福、体验幸福的历史。信仰给予人终极的价值、终极的目标、终极的追求、终极的寄托、终极的关怀，人有了信仰才会真幸福，才能有巨大的精神动力，才能具有普通人难以有的心态和毅力去对待生活和人生。大家要善待自己、善待他人、善待自然、敬重生命。陶行知先生有几句经典，在此也想与大家共勉："教育办得好，能叫农夫上天堂；办得不好，能叫农夫下地狱"；"大学之道，在明民德，在亲民，在止于人民之幸福"；"一切所教所学所探讨，为的都是人民的幸福"。

陶行知的人生理想实际上就两点，一个是做人，另一个是创造理想社会。这两点分别又有自己具体的内容。他强调，做人要做主人、真人、人中人、抬头乐干的人、自立立人的人、整个的人、有献身和创造精神的人。其中"抬头乐干"不是我们平日所说的"埋头苦干"，前者相对于后者更强调"看准方向"。他所主张创造的理想社会是民主、科学、富裕、平等互助、爱满天下、"五生"的社会。"五生"即少生、好生、厚生、贵生、共生。"好生"就相当于现在我们所说的"优生"。"贵生"就是要看重每一个人的生命。关于中国复兴，陶行知说过这样一句话——"中国到什么时候才能真正的复兴？只有当人命贵于一切的时候才能实现真正的复兴"。"共生"指的是人与人之间、人与自然之间、人与整个宇宙之间的共生，这个理念与十八大中提出的"生态文明"实际上是一样的。这些教育思想的主旨是要满足生活向前向上发展的需要。随着人生向前发展，人们的需要也是不断变化的，而相应的教育不仅仅来自书本，更是来自生活。"用生活来教育，为生活而教育"，在我看来，当一个人认识到这一点，他的生活也将一点一点向着幸福发展。教育在于解决现实问题，发展人，教人做人。陶行知先生曾对教育做出一个简短的定义：教育即教人做人。真教育是心心相印的活动，唯独从心里发出来的，才能打到心灵深处。这一点在教育孩子上有很明显的体现：你希望孩子怎么做，你自己首先也应该那样做。把这一点放大到社会上来看，如果一个人言行不一，教给别人的自己却做不到，那么社会必然会出乱子。

生活即教育，社会即学校，教学做合一。生活即教育的英文为"life as education"，而非"life is education"。从公式来看，$\triangle E = f(\triangle L, T)$，$\triangle E = f(L, \triangle T)$，其中 E 是教育，f 是函数，L 是生活，T 是时间。也就是说教育是生活对于时间的函数，教育之根本意义是生活之变化。社会即学校的公式为 $Q=E/m$，表明社会是具有教育力的教育场，只要身在其中就都受着环境或好或坏的教育。生活与生活摩擦才能起到教育作用，个体所在环境中的教育场强为单位个体的受教育量，即知即传则能增加教育的流量。代表教学做合一的公式是 $E=f(J, X, Z)$，表明"教"和"学"都以各自的形式最终决定于"做"，而"做"又受制约于"教"和"学"，"教、学、做"三方面组成一个完整的统一体，缺一不可。这就是教育（E）。

教育是什么呢？教育一是教做人，二是培养人的生活力。千教万教教人求真，千学万学学做真人。人的生活力包括健康的体魄、劳动的身手、科学的头脑、艺术的兴味、改造社会的精神。对比一下自己的实际教育情况，很多人希望自己多记住一些东西，可是就是光想而不愿意动手，于是导致"心不灵"，不懂手脑相长、身心协调、生活与心灵互动的道理。"心灵"与"手巧"往往是互为条件的。目前中国普遍存在的一个问题就是很多学生甚至是大多数国民都缺乏改造社会的精神，总认为自己好了就够了。这五点共同构成"生活力"，又都与做人息息相关。这就是生活教育自身的内在逻辑。而其外部逻辑，就是要创造理想的社会。我们今天所说的"为理想而大学"所指向的不仅是"大学"，也指向"创造理想的社会"。教育的培养目标与社会需求是息息相关的，专业与普通目标是同构的。

从一个个体成长发展的生活教育特征来看，首先是人的自然势，人在发展过程中，随着年龄的增长，他的身体各方面也在增长，但是自然势到了一定程度是要衰落的。孔子说过一段经典的话："吾十有五而志于学，三十而立，四十而不惑，五十而知天命，六十而耳顺，七十而从心所欲，不逾矩。"其次是社会势，社会势是随着年龄不断增长的，一生中结交的人越来越多，朋友越来越多，能利用的社会资源也越来越多。第三是情感线。情感线的高峰在青年期，越到后来就趋于平缓状态，即情感越来越理性。最后是智力线，智力不会随年龄的增高而降低，相反是逐步升高的。也就是说，生活教育就是要处理好以上这些关系，从而充分利用自己、发挥自己，避免自己的缺点，安排好自己的生活和教育。

古代大学的一个基本规则就是"士志于道"。而什么是"道"？"道"是万事万物的规律，是宇宙的本原和普遍规律。天道讲的是自然奥秘，探求追求真理就是接近天道。人道讲的是人与人之间的准则，人与人之间爱、尊重、平等、自由，不断探究解决社会问题就是不断接近人道。大学里的众多专业其实就两个方向，一个是追求真理，一个是解决社会问题。

孔多塞曾说过"人类精神在解脱了所有这些枷锁、摆脱了偶然性的王国以及人类进步之敌的王国以后，就迈着坚定的步伐在真理、德性和幸福的大道上前进"。之后陶行知将"在明明德"改为"在明民德"，将"在新民"改为"在亲民"，将"在止于至善"改为"在止于人民之幸福"，产生了巨大的意义。近代学人思想经过了从"忠君"到"报国"的变迁。而陶行知在报国的概念上又向前进了一步，实现了"人民第一"的跃迁。

我们再思考"我们要成为什么"的问题，或许许多人有自己的答案。大家要做未来世界、未知环境中的未成人；在川流不息的现代化社会做长久的现代人；行以求知知更行，做世界的创造者而非仅仅是继承人！人的成才相当于登山，只要目标明确，路径有千万条。然而长期以来人们受功利思想的影响，认为成才的路就像坐火车一样，以为从北京到天津必须经过南站，但其实未必。

陶行知先生将世人分为三等人：奉自己头脑为总司令的人、奉肚皮为总司令的人、奉生殖器为总司令的人。一切教育必须经过体验才能发生作用，我们要成为一个怎样的人就在于怎样去对待生活中的每一个细节。在陶行知看来，人最宝贵的是自主性、兴趣、健全人格和志向。孔子十五而志于学，十五岁已经是立志的关键期最佳期，而现实教育的悲哀之处在于，很多人十五岁时正在准备考试。有人问莫言为什么能获得诺贝尔奖，他回答说因为没有受过太多教育。是的，正因为如此，他的悟性还在。所以一定要记得悟性不能毁掉。

自主是幸福的基石。没有精神自立的国民，就没有真正崛起的国家，更不可能有真正幸福的社会。引用耶鲁校长2010年毕业典礼上的讲话："你们来到这里接受教育，为的是培养你们的思辨能力，为的是让你们学会区分什么是正确的，什么是肤浅的、误导的、蛊惑的。为整个人类文明的福祉服务。"思想统制与追求真理不能相容，统制的结果不是思想统一而是思想消灭，统一于愚昧，这样的教育将使人离真正的幸福越来越远。

大学与社会的多边界

长期以来，中国大学唯一的边界，就是大学和政府的边界。大学只要和政府的关系不断，大学就能维持资源的供给，人员的保障，办学资格的保障，这使得越来越多的大学根本不去问社会的需求是什么，学生的成长发展需求是什么。如此几十年，居然还能将大学办下来，当然其沉重的代价最终还是由普通纳税人承担。

现代大学制度中的大学不可能只有与政府的唯一边界，而是要建立与社会、与社区、与家长、与校友的多重边界，而且与多方的关系是平等的，与政府的关系也应该是平等的，而不应该是上下级的关系，政府与大学的关系基础应当是法律，是政府与大学通过一定的立法程序制定的大学章程，而不再是一道又一道的行政指令。

市场是大学与社会关系不可缺少的通道，大学办得好不好，公众会自主地依据自己的判断用脚投票。大学要通过市场汇聚人力、吸纳资源，也要通过市场准确了解人力资源的社会需求，定位自身在分层满足社会需求中的准确位置，找准自己的发展方向。大学的产、学、研等各项活动只有不脱离市场，才能保有活力。大学不可能再依赖政府或计划来解决这一系列的问题。

当然，市场和用人单位也不能因此在大学面前高人一等。大学要了解用人单位和市场的真实需求，但不是简单听命于他们，而是将这些要求通过大学的独立思考转换为大学的人才培养计划。大学不可能直接培养出各种工作岗位上的熟练工，大学所能做的是使学生具有适应各种岗位，并能尽快转变为熟练工的基本素质。

大学要建立多边关系的社会不只是一国、一省，更不可能只是一个城市和地区，那些要求大学为当地经济社会发展服务的口号本身是违背大学内在特性的，是要扼杀大学的生命的。全球化的潮流不可阻挡，大学要建立多边关系的社会是整个人类的社会，即便对社区大学来说也是如此，否则它就不够称为大学的资格。因为只有这样，大学才能具有现代性、开放性和多元化特征，才能走向社会的中心而非在权势的卵翼下发出异于人类大学的怪叫。

大学是将全人类作为自己的工作场域和服务对象的，有条件的外国大学都在力争成为不分国界的经济社会发展的人才库、知识库、思想库和新型产业的孵化器，它们会毫不顾及中国的保守观念进入中国。中国若以被动心态应对，就会成为万国大学博览馆；若以防避的心态应对，就会走向继续封闭和落后；若以正常心态应对，政府就要尽快放弃对大学的圈养和束缚，让中国的大学不仅面对国内市场，而且要面向国际市场，全面规划自身的发展。

长期以来，大学与社区的关系很隔膜，产生这一结果的根本原因是政府在制度设计上就将大学与社区置于分裂与对立的位置，大学无法自主建立与社区的关系。遍观世界各国大学，基本上与当地社区融为一体，而几乎中国的每一所大学，都要用高高的围墙将自己与社区分割开来，用雄伟的大门显示自己比周边高一筹的地位。这本身是一种封建等级观念在大学外形中的体现。有人或许还要以治安为由论证大学花巨资建围墙的必要，而世界各国大学的例证足以驳倒这个理由。

更深层的问题是，为何中国大学放在社会中就不安全了？因为中国大学与社区之间不是一般的分离，有时甚至是对立的；它们不仅不承担社区的责任，还常常损害社区的利益。只有在内心上大学与社区融为一体，围墙才是完全不必要的。大学与社区难以融为一体，又是由于大学存在政府这一强势单一的边界，使大学难以真正做主，将大学与社区分拆开来。

正因为此，有人建议改变政府对大学的管理：一是高等教育宏观管理的主要职能将是对高等教育进行宏观调控和为高等学校的发展提供服务。二是政府将消除对高等学校进行直接行政管理的职能。属于学校办学自主权范围的事，政府将不进行干预。三是在目标管理方面，政府的主要职责是进行需求预测和制订发展规划；制定和实施教育标准；对学校的教育活动进行评估和监督。四是在过程管理方面，政府的主要职责是根据教育事业的发展规划进行筹资和拨款；利用经济和必要的行政手段调控教育发展的总体规模、教育结构和地区布局。五是政府对教育的行政管理应以法律和法规为依据，而不取决于行政首长的意志。六是要建立必要的审议、咨询、评估机构，为政府的决策提供科学的依据，促进管理决策的科学化和民主化。

在世界上不少优秀的大学中，校友是大学的永久成员，校友会也是十分有影响力的组织。校友们不仅心甘情愿地不断给母校捐款，还直接参与母校的事务，甚至校长的遴选之类的重大决策。

大学与社会的多边关系还包括建立与企业家的关系，与著名非本校学者的关系，以及其他可能的关系。大学与外界的关系越多边、越广泛、越平等，显示出大学与社会的关系越正常、越稳定、越有效、越自主、越健康。这样的大学才会处于一个相对良性的自然生态之中。相反，大学与社会的关系越单一，就会越不正常、越不平等、越没有效率、越不稳定、越难以自主。大陆的大学正陷于这样的状态之中，只和政府建立关系，顶多还和市场建立关系，这样的关系就将大学裹挟在非现代大学之列。

大学与社会多边关系的存在不仅仅是一起开开会、吃吃饭，而是要建立真实的互动。在这种互动中，可能会有矛盾。解决矛盾的方式是平等协商，而非一方对另一方的强制或胜负。大学对社会的引领本身也不能强制，而是以"酵母"发生作用的方式，以社会乐于接受的方式发挥作用。

积极过好有章程的大学生活

依章办学是世界各地现代大学的通用规则。在一百多年前，中国现代大学开始发展起来的时候，也把章程作为大学的要件。然而，近六十多年来，中国大学变得杂乱无章了，以至滞后于人类大学距离甚远。

教育部核准了多所高校章程，标示着自2011年底发出第31号令颁布《高等学校章程制定暂行办法》后，建设现代大学制度的工作又向前进了一步。

由于教育部专门设置了高校章程核准委员会，于是许多人便有了一种潜意识：大学章程就如同时下众多官样文章一样，从一个机关到另一个机关，然后挂到学校网站或墙上就算完事了。正因为这样，不少高校内部的学人对制定的章程持观望态度。

也许上面的说法与当下一些学校的实际情况正好相符。然而，章程是现代大学制度必不可少的核心要件。上述状况既是对社会资源的浪费，也不符合教育部推进这一工作的本意，进而延缓了现代大学制度建立的进程，也伤害了学人的基本权利和切身利益，最终受伤的是大学的服务对象学生。如何以积极态度过好有章程的大学生活，就成为每一个与大学相关的人不可回避的问题。

高校制定章程的目的，宏观上是保障高校办学自主权，微观上是保障每位学人的基本权利不受伤害。章程就是学校校内的"宪章"，若是官方闭门造车，就是缺乏现代大学理念，就是方式方法不妥；若是学人置身事外，冷眼旁观，就是对自己的不负责任。

当然，还有一些人会列出众多的理由为自己的这种态度开脱，认为中国的国情就是官本位，有章程也不会有多大的作用；官样文章多如牛毛，添一份也是如此；那都是做做样子当摆设的，何必当真；即便有个大学章程，也没有法律意义上的权威性，政府就不遵守，也不会被社会，甚至大学内部的人尊重……诸如此类的说法，都是近来在各高校中听来的。

于是问题便演变为当下大学中有多少人还是真诚的。作为一个真诚的人，即便在自己不能自主的时候，也必是千方百计地去争取自己应有的权利；而只有失去真诚的人，才对任何事都虚与委蛇、敷衍逃脱。在大学章程制定过程中，最大的阻力已不在于政府方面，而在于不少人心中泛化地失去真诚。

正因为如此，任何心存真诚的学人，在深受过度行政化之害，在感受到潜规则胜过显规则之时，最恰当的选择就是勇敢地站出来，参与到大学章程的制定中来，参与到大学章程的落实与实施中来。即便你发现身边还有人是在演一场假戏，你也不妨假戏真做，演一场真的。

由于长时间以来，大学学人的主体性丧失较多，做惯了"打工仔"、客人、工具的人，一朝要做主人尚不能适应。因而他也不敢在立意维护学人基本权利的大学章程制定和实施过程中以主人的身份出现，还东张西望地询问：谁是这件事的主人，校办、校长，抑或是教育部？不敢想到原来应该是自己。

于是，在一些高校遵循民主、科学、公开的原则，采取开门立法的方式制定大学章程的时候，不少人都推说太忙了，没时间参加。于是，部分学校的章程仍是由学校请专家委员会来制定，或找些笔杆子讨论讨论，少数人闭门撰写就写成了，还有一些内容不符合现代大学制度，或者只是行政指令的翻版。在有了章程要实施的时候，即便涉及自身的利益，也依然世故地装着不知道。如此，章程对规范、协调大学内外的各方面关系不发挥实质性作用，最终是没真正用起来，只能做个摆设。

高校章程应该由谁来定？孙宵兵曾表示："应该由学校自己来制定。"我想补说一句："应该由学人自己来制定。"大学章程应该由谁来执行？它是公器而非私器，自然也应该是由全体学人来执行，它是对包括学校领导在内的所有人的责任与权利的明确和限制。

现代大学必须建立独立的第三方专业评价

第三方专业评价是现代大学质量持续提高的保障,政府评价与自我评价不可替代独立的第三方评价。管大学的机构和人员不能参与评价大学,评价大学的机构不能参与办大学或管理大学,办大学的机构和人员又不能参加评价大学和管理大学,就如同运动员和裁判员,各司其职,应彻底实现管、评、办分离。

第三方评价是现代大学制度的重要构件之一,这种评价能够从制度设计上保证客观、专业、公正。第三方评价结果相对可信,可以成为政府、学校和社会等各方面选择或抉择的参考,也为大学不断改进自己提供了有价值的参照。

长期以来,中国大学在体制设计上是管理者、评价者、举办者合为一体的,这种体制存在严重的缺陷。

一是评价标准和手段带有严重的行政化倾向,政府集管理、举办和评价于一身,类似于老子评价儿子,评来评去总是看到可爱的一面,难以全面真实地反映出大学的实际质量状况,反而是那些善于投机卖俏的大学得到的关爱更多,难以激励和推动整体大学教育水平的进一步提高。

二是缺少大学的其他利益相关者参与评价的机制。学生、家长、校友、用人单位都能提供特定角度的大学评价信息,也能开展一定的评价。缺少这些方面的大学评价本身是不完整的,科学、规范的大学评价制度就必须设置不同利益相关者和社会组织共同参与的机会,形成自评、他评、独立的第三方专业评价相结合的评价模式,才能契合建设现代学校制度的需要。

三是缺乏专业性。对大学的评价活动主要是由行政部门抽调的一些大学行政领导参加，缺少大学评价方面的专业人员；所提供的材料多为专为评估评价准备的，而非大学的常态数据；所采取的形式是参观、考察、看材料、听汇报，而非平等访谈和随机采样；多用综合性、模糊性指标，缺少精细定量分析。一些人将这种评价简单归纳为造假加送礼。

四是评价的指标设计不科学。依然沿袭了计划经济时代大一统式的硬指标，如生均土地面积、生均房屋建筑面积、生均投资设备、生均师资等，对师资质量、生源质量、校园文化、办学理念等这些更有价值的内容有所忽视，或以难以量化为由干脆不考虑。

有鉴于此，要构建的是科学、规范的大学评价制度体系，其中重要的工作之一就是建立并逐渐完善大学的第三方专业评价，让一定量的大学第三方专业评价组织得以建立起来，并让它们在没有政府干预的条件下建立行业自身的规则，在相互竞争中建立自己的信誉，在相互竞争中优胜劣汰。第三方专业评价组织不但可以更好地体现不同利益相关者对大学的利益诉求，而且由于它们不直接受政府的管理，专业性强，可以更好地保证评价的客观性和科学性，对大学学科、专业、课程等方面的建设能起到持续的促进作用。

1994年国务院颁发的《中国教育改革和发展纲要》实施意见就已经明确提出："要建立健全社会中介组织，包括教育决策咨询研究机构、高等学校设置和学位评议与咨询机构、教育评估机构、教育考试机构、资格证书机构等。"但由于行政权力的过于强势，少量建立起来的中介性组织在夹缝中生存，性质还有待明晰，运作也有待规范。一些民间力量对教育管理的参与目前还得不到政府的认可，如近年来在中国兴起的大学排行，其应有的作用还没有发挥出来。政府常常以不规范、不可信为借口就将新建不久的中介组织扼杀掉，或挤压其生存空间，整体上难以形成良性生态。

任何一个组织机构都有一个发展过程，不能企望它一建立就很完善。因此，一方面要理清现有的组织机构的性质，明确其定位；另一方面也要制定相应的法律、法规和政策等，鼓励民间社会中介组织建立行业内部的规范，以促进其健康发展。具体来说，第一，政府职能转换是发展教育中介组织的社会基础和动力，必须充分发挥第三方专业评价组织的功能，把本应该由它们承担的职能从政府的行政职能中剥离出来，政府将这种评价作为依法管理的依据或参考。第二，加快大学第三方专业评价组织的法制建设，建立和完善法制体系，使第三方专业评价组织的活动真正做到有法可依和有法必依。第三，政府要给第三方专业评价组织发展让渡空间。政府可以参与对这些组织的评价，不应该对它们的存在和发展任意干预，使第三方专业评价组织在竞争中优胜劣汰，健康有序地发展，改变长期以来"强政府、弱社会"的状态。

正因如此，《规划纲要》提出：鼓励专门机构和社会中介机构对高等学校学科、专业、课程等水平和质量进行评估；建立科学、规范的评估制度；探索与国际高水平教育评价机构合作，形成有中国特色的学校评价模式。

与国际评估机构的合作可缩短中国独立第三方专业评价机构成熟的过程，也可加快建成高质量、开放、为国际社会所认可的大学。因此，与国际高水平教育评估机构的合作，或直接参与它们的评价活动，让中国的大学质量标准与国际接轨，不但有利于提高中国大学在世界上的竞争力，还可以提高中国大学对世界各地生源的吸引力，使中国大学变得更大。

行政化削减大学理想空间

与世界多数大学不同，长期以来，中国大学完全由政府行政机构领导和管理。

1951年后，政府将一切资源收归公有，全面实行计划体制，所有私人团体都被有计划地改造成国有"单位"，大学也就成了"国家机器"的一部分。整个中国的大学全都变成了官办大学，置于行政权力的全面控制之下。大学的经费由政府划拨，招生计划与毕业分配、教学内容、科研经费及课题都被上级党政部门掌握。大学还被赋予了行政级别，从而名正言顺地成了行政部门的下属单位。大学的主要资源几乎全部来源于政府，大学的校长由上级行政部门任命，并且享受行政级别待遇。

正因如此，大学成为政府的复制品和附属品，大学内部的机构设置对应于政府的行政机构设置党委办公室、校长办公室、各类处室、各类科，以致一些学校出现了"校长一走廊，处长一讲堂、科长一操场"的现象。

总体来说，大学的行政化表现在两个方面，一方面是大学与政府关系成为完全的上下级，缺少办学自主权；另一方面是大学内部的官本位。外部行政化使大学被作为政府的行政部属性组织，从而丧失了大学精神。内部的行政化使大学不再定位为学术机构，而是逐渐退化为行政机构，学术氛围不断衰减。学术逐渐被侵蚀的大学自然沦落为行政的附属品。

行政部门把本该属于大学的内部治理权（如校级人事、招生、经费使用等）控制在自己手中，行政部门直接介入大学的内部管理体系，大学只能作为行政部门的下属机构进入行政系统中。这样，一些行政部门成了大学的对外延伸，而大学则成了行政机关的对下的延伸。大学就这样成了行政部门的一部分，大学就这样被行政化。

"行政化"后的大学完全依附于行政权力，离开了上级行政机关的权力"关照"，大学无法实现完整的管理，甚至于无法正常运转。没有行政部门的认可，就没有招生计划与指标，就没有生源，也就没有生源所带来的这一部分收入。行政部门还介入学校的土地划拨、基本建设、设备添置、科研经费投入，于是产生了一个灰色地带，成为腐败的温床。许多本是大学内部的事情，却完全不受大学所左右，大学只能拼命去找行政部门争取支持，大学不得不花大量的精力去落实各线与各块的行政机关布置的任务，努力领会上级政府部门的指示，"跑部钱进"，离开了这些行政部门，大学寸步难行。

在这样的体制下，政府行政部门的一般官员来高校"检查"，就可以让一校之长停下手里的工作作陪，还要对口的学校行政人员跟班服务，再拉上若干教授装点装点；学校里年龄不大的一名行政官员，就可以对资深老教授发号施令。在行政化的桎梏下，校长要周旋于各种官场应酬之中。大家都围着行政化下的教育拨款转、围着官员任命权转、围着由此而衍生的各项考核转。如何才能改变这种现状，恢复大学的本来面目？

大学实际上成了一个行政机关。大学有自己的安保部门甚至派出所，要维稳，学生的生活和就业，教职工的生活及生、老、病、死、退都得由大学操心。大学和行政部门一样建立了科层制结构，确立了一个以内部行政权力为核心的管理体系，这个管理体系又是围绕着外部行政权力运转的。它和外部的行政机关形成了一种实际上的上下级的关系。行政思维与力量深入地影响到了大学的方方面面，大学有一大批"行政"人员与上级行政部门对口，被授予了行政官僚级别，大学也往往是这些人当家。学术权力在行政权力的裹挟下得不到应有的重视，发挥不了应有的作用。

行政权力具有强制性、科层属性，与学术特性相违。以行政为价值本位，行政权力过多地渗入到大学，行政结构、行政运行机制、行政行为方式等在高校延伸和泛滥，进而使大学变为一个等级森严的行政机关。

大学需要行政管理，但如果大学演变成了"衙门"或"衙门"的附属品，则不会存在理想生成的空间，前景堪忧。去行政化就是依法治校，逐步弱化政府对高校的直接干预，减少直至消除政府对高校的行政指令，恢复高校的办学自主权，改变目前政府与学校之间以及学校内部的教育资源配置方式，实现教育资源从"行政权力主导型"向"专业工作者主导型"配置模式的转变；建立高校管理人员的自我约束机制，强化管理人员的服务意识，提高教育服务质量，更好地培养人才。

改革高校企业不能回避产权问题

2014年1月13日，北京市政府发布《加快推进高等学校科技成果转化和科技协同创新若干意见（试行）》。这份被称为"京校十条"的文件，引人注意的是为北京市属高校科技成果转化"松绑"。该文件规定：高校科技人员离岗创业可保留身份和职称，兼职获科技成果可作为职称评定依据，高校实施科技成果转化给予科技人员奖励比例下限由以前的20%提高至70%，允许在校大学生休学创业。

与此相关的是，与曾因贪污获判无期徒刑后又获得减刑的著名"烟草大王"褚时健的名字仅一字之差的浙江大学副校长褚健，因涉嫌职务犯罪、侵吞数亿元国有资产而被批准逮捕。褚健被认为是国内自动化领域的顶尖学者，同时也是一名优秀企业家，他一边担任大学领导职务，一边管理校企。这两位褚氏风云人物，都涉嫌将国有资产变为私有。

经过十余年的沉淀，已经有人意识到"褚时健"的贪污，除了他个人的原因，还与不合理的产权和分配体制相关，他对企业的巨大贡献并没有在个人所得上得到体现，再加上缺乏有效的监督机制，使他辉煌的人生之路偏离了航向。

轮到褚健头上，问题的实质几乎未变，只不过是从国有企业变成了校办企业，由于高校就是国有的，所以这两个案例本质上没有差异。褚健可能存在腐败行为，也不可否认，褚健创办并控制的"中控科技集团"（前身为1993年创立的浙江大学工业自动化公司）产权不清晰是导致他倒下的重要原因之一。于是问题集中到：高校企业挣了钱算谁的？

"京校十条"在这个节骨眼上出台，从法理上说它是与现有各项产权政策原则相违背的，但在现实中，它将会把一些高校内部现有体制与政策范围内腐败的人，从腐败的底线下捞出来。更为重要的是，它为低迷的科研成果转化注入了新的动力，无疑将会促进科技创新。从激励发展来说，它无疑是积极的，但它以回避更大范围内真实问题的面目出现，又会引发新的矛盾。

更令人揪心的是，这一步究竟能走多远呢？因为现有体制下的公立大学事实上都是国有的，大学所办的企业，从逻辑上说也应是国有的，多挣一分钱都应是国家的。"京校十条"也仅是把国有与员工个人所得的线画得有利于员工一些，并未改变高校企业的产权属性。

事实上，教育部多年前就要求高校清理校办企业，理清校企关系，但不少高校一直未理清。与社会舆论认为高校应该"纯净"相反，不少高校行政领导自身权力不受制约，与校办企业脱不掉干系，甚至以教育和学术的名义使贪腐看起来更加"名正言顺"。而学校内部的普通员工感到学校搞个校企挣钱了，教职工也应有一分钱红利。若分享不到利益，就会影响人心稳定。

扩大了员工的获利空间，是否就能防止侵吞国有资产的现象发生呢？未必。因为任何一个规定的收益分配比例，相对于学校固定资产和校企资产之间没有明晰的产权边界而言，它仅是一潭水面上放置的浮标，无法控制水下的流动。对于这些资产的实际控制人来讲，他们要把这些财产从左口袋放入右口袋是非常简单的。他们甚至可以想办法挪动那条浮标。

与其说是大学不如说是大公司，人人都在想钱、人人都在赚钱、一切向钱看。"京校十条"这样的规定将使大学变成一条长了两个头的蛇，一头以学术为职业，目标是追求真理和培养人才；另一头以产业为躯体，目标是追求利益增长。这两个头共一个身体，最终的结果是既办不成好的大学，又办不成好的企业，两个头背道而行，最终会把双方都拉扯得筋疲力尽。

如何解决这个问题呢？北京大学经济学院教授何小锋曾经建议，北大应该卖掉它的校办企业，然后建立母基金，通过基金运作为大学提供资金，之后再以高投入吸引顶尖学术人才，最终成就真正世界一流的大学。这一方案实际上只能解决一个形式问题，实质性的产权问题并未解决。只需了解一下当下国企的治理与运营情况便可知晓，谁能保证这个卖掉的企业会永远忠诚地为它曾经的母体大学提供资金呢？

在历史上，类似的问题并非中国大学所仅有。在未进行法人化治理改革之前，日本的东京大学作为国立大学，也是要将医学院附属医院的门诊费上缴国库的。经过十余年的探索和争论，日本政府最终认识到，政府无论是办大学还是办企业，都不可能办成一流，诸多问题无法得到妥善的解决。2004年，日本政府痛下决心进行大学法人化治理改革，将大学与政府切割开来，让大学成为拥有自主产权的独立法人。

由此可见，无论是"京校十条"，还是卖掉校企的建议，都还是从局部观察和寻找解决问题的路径。甚至这仅是高校产权边界不明晰衍生出的众多问题中的一两个，其他衍生问题远远超出人们的想象。其实所有相关问题的根源在于，高校的产权边界不明晰。不从这个根子上解决问题，包括"京校十条"在内的各种解决措施，必然会衍生更多的新问题，大学依然不能纯粹，依然免不了世俗，甚至滋生一些新的乌七八糟。

如此看来，"京校十条"仅仅是小脚女人在很不自由的状态下挪出的一小步，不少人还可能因为这一小步跌跤。对高校来说，它可能为释放科研人员的创造潜力打开了一扇窗，也为魔鬼进入高校放出一条缝。

有鉴于此，十分有必要从更高的位置和更全面的立场来观察、分析和解决校办企业问题。就是要以大学的逻辑来办大学，以企业的逻辑来办企业。最为关键的就是要切实落实政校分开、管办分离的去行政化，让大学从隶属于行政部门的角色中独立出来，成为有独立产权的非企业法人，在这个独立法人内部进行教学、科研和产业的分工与核算。

回避产权问题的高校微观改革措施，可能会使一些人有个喘息的机会，但不可能使高校获得持续健康发展的基本条件，也不可能使高校内师生的创造潜能得到充分发挥。好在十八届三中全会确定了深化体制改革的大方向，能否在这个大方向上真正深化改革，突破羁绊，尚有待所有与大学相关的当事人去积极争取、奋斗。

对东西部高校要一碗水端平

针对一些重点高校到处高薪挖人的恶性人才竞争现象，教育部部长陈宝生表示，西部地区包括东北地区高校人才外流的趋势总是遏制不住，这实际上对西部和东北地区来说是在"抽血"，是在挖人家的命根，希望东部高校手下留情。我认为，面对这一问题，教育主管部门一碗水端平，才是最关键的。

从整体趋势看，优秀人才总是希望到更好的地方发展，优秀的生源总想到更好的学校上学。这是行政部门无法改变的。但事实上，造成中国高校目前这种"西弱东强"的情况，从"211"到"985"可以看出，行政部门的力量起到了推动作用。记得当年评"211"时，河南、山东、安徽、江西等地的不少优秀教师，受邀前往上海、江苏的高校去教学。为什么？因为这两个地方申报"211"的能力、财力更为雄厚。

回过头来，值得检讨的是，当时"211"的评选条件就应考虑周全，比如教师的来源是怎样的，可以说，相关措施推动了简单功利的恶性竞争。而从结果看，这种竞争并不一定带来好的效果。很多人在来到新学校之后，工资确实提高了，但工作一段时间后，情况就发生了变化。比如学校领导更换，导致原来承诺的待遇条件不复存在，进而使一些有理想的优秀教师未能实现自己的抱负。这实际上是两败俱伤，输出教师的学校少了一名人才，引进教师的学校也没能发挥好人才应有的效用。中国目前正在开展"双一流"建设，我觉得就可以定一条标准：这所学校的办学行为是否符合一流，是不是高品位的，包括有没有短期功利的做法，比如从别的学校高薪挖人，结果也没发挥作用。

直到现在,当初"211"评选对中西部高校的影响依然存在,一些学校仍很难翻身。虽然导致东西部高校不平衡关系的因素有很多,比如东部地区总体经济条件较好,但背后依然有行政力量的推动。陈宝生部长讲要建立专业评估,但坚持专业标准是件很难的事。有很多人虽然有教授的职称,但内心没有专业的精神。他们还是依据行政的视角看问题,当别人说情的时候,他会改变态度。

对此,教育部门一定要有所为有所不为。首先,减少干预包括课题项目在内的各种高校评估,让高校有更多的空间。在此基础上,才有可能让西部高校有更多机会平等地与东部高校竞争。接下来,教育部门在出台新措施时,一定要一碗水端平。总之,通过行政手段简单阻拦,不能解决教育领域的人才恶性竞争,而是要创造一个平等流动的环境。东部高校提供的待遇、给出的条件更好,而西部高校一时比不了,那么还是要遵循人才自由流动原则。但公立高校都有赖于政府的投入,在同样的行政体系下,对待东西部学校不应有轻有重。

优化大学教师薪酬结构很有必要

2017年，复旦大学某教授的工资单在网上流传，工资单显示这位教授实际到手的工资只有8000多元，引起众多网友热议。大学教授该有多高的薪酬一时也成为社会话题。

在全国高校中复旦教师工资还是较高的，该校教授工资单引发热议，只能说明全国大学教授工资整体水平不高。相比之下，一些省属地方院校教授的工资更低，中西部高校的教师工资尤其低，而被称为"青椒"的高校青年教师工资更显得囊中羞涩，这是目前高校教师工资的基本状况。

高校教师工资低的原因是多方面的，在现有教师薪酬体系里，根本性的原因在于对教师的管理、评价和薪酬回报三个环节。

在管理上，这些年高校过于看重到各方面争取项目，行政部门过于看重通过课题方式对高校进行管理，所以很多的教师被迫要通过各种项目来提高收入。有了项目不仅教师个人有花不完的经费，所在的部门以及财务管理机构也从中大大获益，从而形成一个利益链。如果不做项目，那大学教授即便地位崇高，所得也会很有限。这种管理显然为趋利倾向所绑架，显示出高校管理的"后门漏洞"。

在评价上，怎样才是一位好的大学教授？他的职责是什么？是不断地去争夺有钱有名的所谓项目，还是将主要精力用于从事教学，或从事自己认为有价值而未必要申请经费的研究？教书育人和科学研究是两种不同的价值取向，这两种取向在高校本应同时兼顾到；有名有经费的项目研究与教授自认为有价值的自主研究也需要兼顾，在大量赶鸭子上架的课题研究产生巨量学术垃圾的时候，教师自主研究却能出现不少精品。而在不少高校，教师没有申请到相应的项目考核就不合格，逼迫教师做无效的奔波。当下最紧要的一点就是要让那些甘愿坐冷板凳，或者做自己喜欢做的研究，或者仅仅喜欢从事教学的教授也能够通过各校的考核、评优，获得学校的认可。

在薪酬回报上，大学管理者的主要责任是要保底，也就是要维护好所在学校教师尊严的底线，使他们的所得与付出保持相当。保不住底线的高校对教师就没有吸引力，而这些年，不少高校花了不小的精力做广告高薪招聘，很少顾及自己的底线是否保住了，以致"招来女婿，气坏儿子"，学校的薪酬体系没有从整体上激发教师的积极性，还生出众多矛盾。

一名完成了基本工作量的大学教授本该有多少收入，可以有两个比较参照：一是和过去几十年来的大学教授工资水平相比，二是和国际上大多数国家的大学教授工资水平相比。目前看来，无论和前者比还是和后者比，当今大学教授基本收入都处于较低水平。

大学教师工资的问题深层次上还涉及国家高等教育经费应该怎么样支出的问题。当下高等教育经费常常以项目的方式被各个行政部门分割，每个部门都高高在上，拿着经费让大学教师不断地来投其所好申报项目才能够获得经费。这使得高校教师长期处在高度紧张的状况下，不断地填表，不断地申报项目，不断迎接评估，然后才能获得更多的收入。而对这套看透了的教师则不愿屈身其中。

行政部门掌控经费的项目诱导体系也导致了一些教授很难安心工作，长期在外面东奔西走，结交关系，四处提高自己的在外影响力，以期获得课题和更多别的收入。所以有些大学教师看起来很忙碌很活跃，实际上却很难安定下来做真实的研究或甘心从事教学，教师本身的职责没有很好地履行，大学本身的特质和功能自然难以坚守。

的确一些大学教师加上课题、项目等经费，收入已经可观，晒出的工资单不能说明什么问题，但这并不能掩盖大学教师薪酬结构不合理的问题。这种薪酬体系倾覆了大学的价值，基本工资太低的负面后果已经越来越凸显。老师疲于报账、跑项目、做课题、兼职讲课，就没有时间安心教学和做真实的研究，一股浮躁的风气也就油然而生，学生也随之成为受害者。

所以要根本解决问题，不是简单地从数字上提高点教师的工资，而是从管理体制、评价体系、薪酬制度三个环节上加以转变，使得大学教师的工资结构更合理，并且能够跟随社会生活水平的提高而不断提升。在保底的问题解决好以后，再让真正有能力的教授通过自己的努力获得学校以外的资金。

政府要转变财政经费拨付方式，尽可能通过全口径的预决算把更多的项目经费转换成大学基本支出，而非以项目的方式拨款。以提高大学基本支出的标准的方式使钱通过规范的渠道进入到教师的基本工资当中，其最终的目标就是让那些在校内兢兢业业工作的教师也能获得体面的收入和尊严。

成为留学中心，中国还缺啥

2017年，教育部部长陈宝生在记者会上表示，2049年中国将成为世界上人们最向往的留学目的地。相信，这是很多中国人尤其是学生家长的梦想，因为这样一来，不必把孩子送到海外，就能学到最前沿的知识！

不过，目前的现实与理想目标之间尚存较大差距。2016年中国出国留学人员总数为54.45万人，来华留学生规模突破44万人，依然有10万的缺口。中国留学生超九成属于自费，而外国留学生来华享受奖学金的比例更高。在所学专业上，中国留学生赴海外主要攻读的是硬学科，比如理工科等，而外国来华留学生主要学习的是中文、中医。另外，中国学生去美国等地留学，要经过严格的测试和筛选，最后成行的基本都是高端人才。而中国缺少相应的专业测试，结果造成一些国家的来华留学生虽然人数众多，但并不是国内最优秀的。

要改变目前的局面，我们需要达成几个决定性条件。

第一，让我们的高等教育得到世界认可。这是一个相对比较漫长的过程。从19世纪初德国柏林洪堡大学的建立，到1920年前后，整个世界的高等教育中心在欧洲。这段时间，美国很多大学教授都是欧洲留学出身的，这与工业革命不无关系。后来，留学中心逐渐从欧洲转移到美国，也离不开第二次工业革命的推动。由此可见，中国要想成为人人向往的留学中心，必须有自主原创的前沿科学技术。

第二，教育思想和理念的认同。在中国人眼中，美国的大学可能都差不多，但其实内部差别还是很大的。比如，哈佛和耶鲁的办学理念完全不同，是不一样的两所学校。在这样的多样性局面下，会有多种发展的可能性，才会有竞争，才能走到前沿。

中国高等教育要成为世界中心，至少要在国内形成多样性竞争局面。《规划纲要》就提出要避免千校一面。因此，应给高校更多自主性，按照教育规律来办学。留学生认可你的理念和教学水平，自然会前来。我们的奖学金能起到杠杆作用，但还不是关键作用。

第三，学校聘任教师对世界应是开放的。美国之所以成为世界留学集中地，其中一个重要的原因是它在二战后吸纳了很多来自包括德国在内的欧洲教师。我们现在虽然通过外国专家局等途径引进优秀的外国教师，但这里存在问题。我们对外教和国内教师的管理是两个系统，而国外鲜有这种情况，原则上在薪酬考评等方面同等对待。

由此引出的更大问题是，如何建立现代大学制度。《规划纲要》提出，应建设依法办学、自主管理、民主监督、社会参与的现代学校制度，构建政府、学校、社会之间的新型关系。另外，也要保持制度的稳定性，这是保证学校品质的前提。美国哥伦比亚大学的很多规章制度是100多年前留下来的。

总之，要让中国成为世界留学中心，还应遵循教育规律，这样才能吸引世界各地的优秀教师和学生前来学习交流，实现共同进步。

后记

"教育评辨"系列是一个"怀孕"时间超长的产儿,从所收文章看,前后写了10来年。从对这些问题的调查以及思考来看,则有30多年了。

这个系列之所以能生成,首先感谢那些不断盯着我要稿子的各个媒体记者和编辑,他们常是问题的提出者,也是文稿的加工者。据不完全的回忆,他们是《光明日报》的何东平、丰捷、罗容海等,《中国教育报》的翟博、周飞、张显峰和杨国营等,《人民日报》的杜飞进、赵阿娜等,搜狐财经的汪华峰,《法制晚报》的林定忠,《中国青年报》的李斌,《北京青年报》的姬源、熊颖琪,《东方早报》的李旭,《新京报》的王磊等,还有《环球时报》《中国教师报》以及一些期刊的编辑,或有疏漏,请海涵。

这个系列得以出版,华东师范大学出版社大夏书系给予了大力支持,编辑卢风保做了大量细致的搜索、筛选、编辑工作;由于本人2016年眼睛先后做了4次手术,恢复缓慢,爱人胡翠红帮助做了大量工作。一并致以诚挚感谢!

书中定有不足、不妥之处,欢迎读者批评指正,请将指正意见发我邮箱:chu.zhaohui@163.com。万分感谢!

储朝晖
2017年于北京